天下文化
BELIEVE IN READING

「無論世界怎麼樣，新加坡都得去接受它，

因為它實在小得無法改變世界。

不過，

我們可以在有限的空間嘗試最大限度的利用，

在本區域的『巨樹』之間穿梭。」

（上）1969 年 5 月：在白宮會見美國總統尼克森。我右邊的是新加坡駐美國大使蒙泰羅教授。

（下）1983 年：與前西德總理施密特（中）和前美國國務卿季辛吉（右）在日本討論全球經濟問題。

（左頁）1985 年 10 月 8 日：我開始對華盛頓做 5 天訪問時，同美國總統雷根在白宮南草坪一起出席了歡迎儀式。

SEAL OF THE PRESIDENT OF THE UNITED STATES

（上）1985 年 10 月 9 日：在美國國會聯合會議針對自由貿易發表演講。我背後的是副總統兼參議院議長布希（左）和衆議院議長歐尼爾（右）。

（下）2002 年 5 月 24 日：在總統府會晤到訪新加坡的前美國總統柯林頓。

（上）2009 年 10 月 27 日：在華盛頓領取美國—東協商業理事會首次頒發的終身成就獎之前，與老朋友季辛吉見面。

（下）2009 年 10 月 30 日：到華盛頓和紐約做 10 天訪問期間，在白宮總統橢圓形辦公室同美國總統歐巴馬會晤。

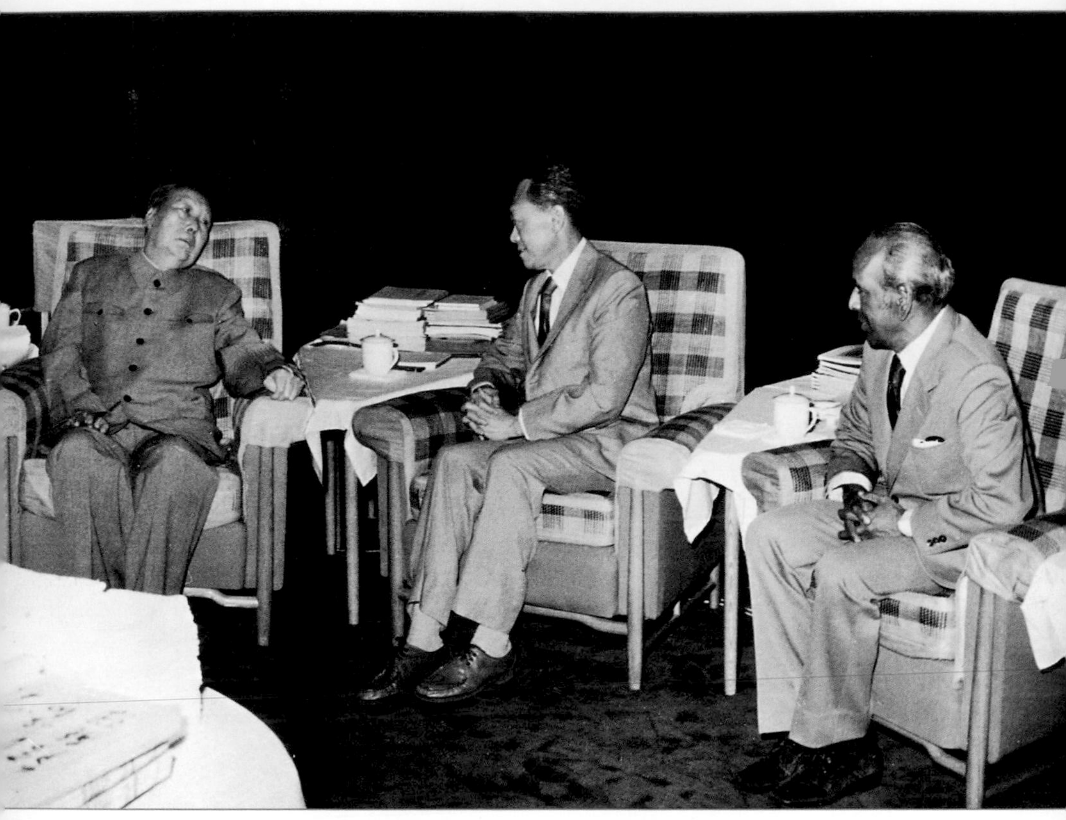

1976 年 5 月：在北京與毛澤東主席（右三）舉行 15 分鐘會議，列席的還有中國外交部長喬冠華（左起）、總理華國鋒、翻譯員和我的外交部長拉惹勒南。會議地點在北京市西邊中南海的毛主席住家。

SATS
SATS

（右頁）1978 年 11 月 12 日：在巴耶利峇空軍基地迎接對新加坡做 3 天訪問的中國最高領導人鄧小平。

（左上）2001 年 6 月 8 日：與中國國家主席江澤民交換禮物。他送了我一本關於中國的書，而我則回贈一本我的回憶錄和一本關於蘇州工業園區的書，書名是《圓融》。

（右上）2004 年 6 月 19 日：在北京人民大會堂的福建廳與中國國家主席胡錦濤會晤。

（下）2010 年 11 月 14 日：與當時的中國國家副主席習近平共同爲鄧小平雕像揭幕，以紀念新中建交 20 年。習近平現爲國家主席。

1976年5月13日：我女兒瑋玲（左）用她的電影攝影機捕捉我們訪問中國長城的情景，電影攝影機快速連拍可給人一種看影片的效果。兩週的行程，我的妻子柯玉芝（左三）一起來了。

（上）1973 年 5 月：在台灣度假勝地日月潭拜訪台灣總統蔣經國。

（下）1989 年 3 月：在總統府與台灣總統李登輝會晤，他送了我一套非常珍貴的中國文化經典藏書。

1971 年 1 月 16 日：共和聯邦政府領導會議在新加坡舉行期間，英國首相愛德華．希斯在英國皇家海軍的無畏號軍艦上設宴款待與會領導人。左起：紐西蘭總理基斯．霍利約克、馬來西亞首相阿都拉薩、我、希斯首相、澳大利亞總理約翰．戈頓和英國外交部長亞利克．道格拉斯—霍姆。

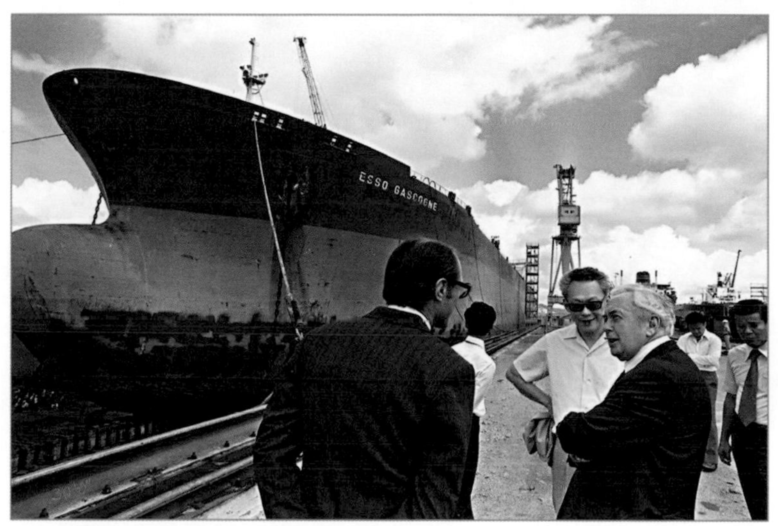

（上）1959 年 6 月 5 日：宣誓出任新加坡自治邦第一任總理後，與本地最後一任總督威廉 · 顧德爵士一起離開政府大廈。

（下）1978 年 1 月 12 日 · 與前英國首相哈洛德　威爾遜（右）　起訪問勝寶旺船廠，一艘德國油輪正在這裡一座造價 5,000 萬元的新幹船塢進行維修。

1989年10月10日：在總統府設國宴款待訪問新加坡的英國女王伊莉莎白二世（中）。右爲黃金輝總統。

（上）1990 年 5 月：我最後一次以總理身分正式訪問英國時和玉芝到契克斯別墅作客，與抱著孫子的英國首相柴契爾夫人敘舊。

（下）1988 年 4 月 21 日：我和玉芝在羅馬最大的巴洛克式特萊維噴泉（許願池）前留影。

（上）1990 年 9 月：與蘇聯總統戈巴契夫在克里姆林宮舉行會議，部長吳作棟（左起）和黃根成也列席。

（下）1990 年：我在一次對巴黎的私人訪問中，探望了曾擔任法國總統和總理的老朋友席哈克。我們在 1974 年首次見面，之後定期交流意見。

（上）1995 年 11 月 20 日：在前德國總理柯爾對新加坡做 3 天訪問期間，我們共進了午餐。

（下）2009 年 9 月 15 日：與現任英國首相的保守黨領袖卡麥隆在他倫敦市中心的辦公室見面。

（上）2009 年 9 月 22 日：在莫斯科與俄羅斯總理普亭交談。

（下）2011 年 6 月 1 日：會晤對新加坡做兩天訪問的德國總理梅克爾，當時安排了以她的名字爲一株新品種蘭花命名。

2012 年 5 月 7 日：我與前西德總理施密特在新加坡香格里拉大酒店舉行會議；我們當時三天的長談摘錄刊在本書的最後一章。

（上）2006 年 6 月 9 日：到四季酒店與日本明仁天皇和皇后美智子會晤，這對皇室夫婦在訪問新加坡期間就下榻在這家酒店。

（下）2010 年 6 月 4 日：在香格里拉對談會議舉行期間，我在場外與南韓總統李明博晤談。這項在新加坡舉行的年度安全峰會吸引了全球領導人參加。

（左頁）1964 年 5 月 30 日：我在惹蘭勿刹體育場舉行的哀悼集會上，向為自由而奮鬥的已故印度總理尼赫魯致敬。

1968 年 5 月：我將一幅畫贈予印度總理英迪拉．甘地，以紀念她訪問新加坡。

1971 年 11 月 23 日：與玉芝和瑋玲參觀曾被印度詩人泰戈爾形容爲「永恆面容上的一滴淚珠」的泰姬瑪哈陵。

（上）2005 年 11 月 21 日：在新德里舉行的尼赫魯年度紀念講座上演講後，印度國大黨主席桑妮雅・甘地和總理曼莫漢・辛格贈送一份禮物給我。

（下）1988 年 3 月 17 日：我第一次訪問伊斯蘭瑪巴德時，受到巴基斯坦總理穆罕默德・汗・居內久（右）與花瓣雨的熱烈歡迎。

（左頁）1961 年 11 月 16 日：在我帶領群眾高喊「默迪卡」（即「獨立」）的歡呼送別下，馬來亞首相東姑・阿都拉曼（左）踏上前往倫敦的旅途，就新加坡與馬來亞合併進行談判。

1960 年 1 月 20 日：在雅加達梅德卡宮會見印尼總統蘇卡諾（著軍裝者）。隨我訪問的代表團成員有：人民行動黨議員王清杉（左起）、政務次長吳秋泉和陳新嶸、FJ 德·科斯塔（我背後）、我、我的副官哈欣·阿莫（蘇卡諾背後）、我的妻子、行動黨議員陳志成和巴哈魯丁。

（上）1962 年 12 月 18 日：柬埔寨諾羅敦・西哈努克親王（右二）和他的妻子莫尼列出席在斯里淡馬錫舉行的接待會。

（下）1968 年 4 月 21 日：在新加坡島嶼鄉村俱樂部的武吉球場與緬甸總統尼溫將軍打高爾夫球。

1973 年 5 月 31 日：在一個色彩繽紛的儀式上，蘇門答臘多巴湖的巴塔克人透過他們的族長（左）和印尼官員，封我爲一名巴塔克王。

（上）1982 年 9 月 7 日：抵達雅加達時，與我的朋友、印尼總統蘇哈托相互問候。

（下）2006 年 2 月 21 日：我和妻子在雅加達總統府會見印尼總統尤多約諾和第一夫人阿妮。

（左上）1982 年 8 月 23 日：經過如何加強雙邊經濟合作的兩天討論後，我和馬來西亞首相馬哈迪在吉隆坡舉行聯合記者會。

（右上）1973 年 11 月 13 日：副總理吳慶瑞（右）與我和妻子在巴耶利峇空軍基地迎接馬來西亞首相阿都拉薩。

（下）2009 年 6 月 9 日：在馬來西亞做一週訪問期間，到行政首都布城（太子城）會見馬國首相納吉。

（左頁）1984 年 11 月 26 日：出席在柔佛新山大王宮舉行的宴會，慶祝柔佛蘇丹依斯干達（左）出任馬來西亞最高元首。

2004 年 9 月 9 日：與李顯龍總理（左起）和夫人何晶、格洛斯特公爵理查德王子、我和妻子柯玉芝、馬來西亞副首相納吉和妻子羅絲瑪、國務資政吳作棟和妻子陳子玲，參加汶萊王儲比拉赫和莎拉的婚禮。

（上）2005年1月27日：爲表揚汶萊蘇丹波基亞對新加坡與汶萊的雙邊關係做出卓越貢獻，新加坡國立大學頒授名譽法學博士學位給他。我到君悅酒店會見了蘇丹。

（下）1986年1月18日：對緬甸做三天訪問期間，赤腳參觀了當地最神聖的大金寺。

1998 年 1 月 21 日：在曼谷遲塔拉達宮覲見泰國國王蒲美蓬。

2009 年 4 月 16 日：在河內的執政黨越南共產黨總部同總書記農德孟會晤。

（上）1979 年 5 月 1 日：在斯里淡馬錫招待埃及副總統穆巴拉克，他從 1981 年至 2011 年擔任總統。

（下）2006 年 3 月 28 日：應邀到沙烏地阿拉伯的億萬富翁阿瓦立德王子（右，著灰衣戴紅巾者）的度假營地作客，騎上身軀高大的阿拉伯駱駝。

1991 年 9 月：我和妻子在訪問哈薩克八天期間，試穿這個中亞國家的傳統服裝和羊毛帽。

1997年3月5日：在新加坡會見了南非總統曼德拉，他當時正對東南亞做10天訪問。

（右頁）1946 年 9 月：我與熱戀中的玉芝在麥里芝水庫留影。

（上）1985 年 12 月 17 日：我和玉芝出席顯龍與工程師何晶的婚禮。花童是顯龍的女兒修齊，她的母親黄名揚於 1982 年因心臟病發作去世，當時 31 歲。新加坡總統黄金輝（中，著白衣者）也出席了婚禮。

（下）1959 年 11 月 13 日：我與連襟楊玉麟，他是我第一個內閣的教育部長。

1965 年 5 月：和妻子及三個孩子顯揚（左起）、顯龍和瑋玲在歐思禮路住家的陽台上休息，瑋玲正逗玩著家裡的拉布拉多犬尼基。

（左）1959 年 5 月 31 日凌晨 2 時 45 分：人民行動黨在大選中取得壓倒性勝利，51 個議席中贏得 43 席，而我也成爲新加坡第一任總理。

（右）1972 年 9 月 3 日：沿街答謝給予人民行動黨大力支持的選民，我們大獲全勝，贏得所有 65 個議席，得票率達 69.1%。

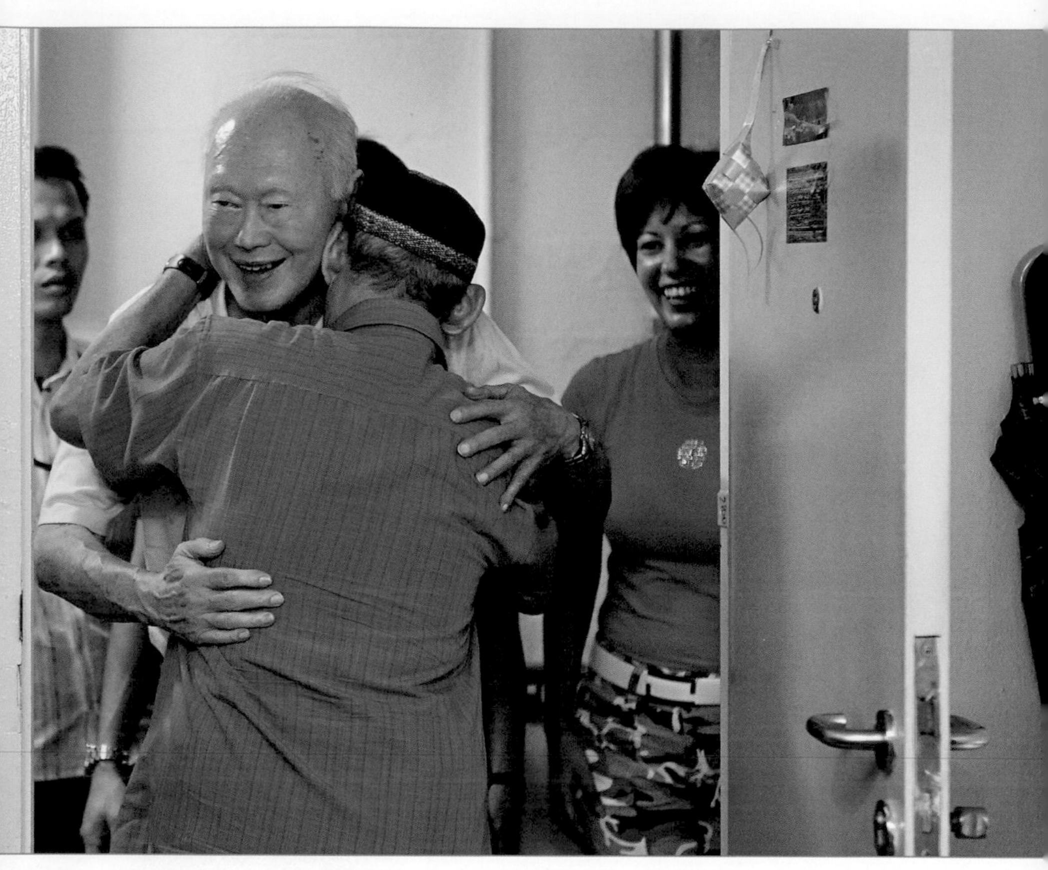

2009 年 11 月 8 日：阿里在他亨德森嶺的家中給了我一個擁抱。上世紀五〇年代我還是一名律師時，曾調解現已不存在的新加坡電車公司與雇員之間的一場糾紛，阿里是這家公司的巴士司機。這是我們在那次事件後第一次見面。在我身邊的是丹戎巴葛集選區議員英蘭妮。

（上）2009 年 12 月 13 日：從剛建峻的達士嶺 50 樓高的空中花園眺望城市風景線，這座摩天樓住宅就建在曾是我丹戎巴葛選區首批租賃住宅的所在地。

（下）2006 年 1 月 7 日：在牛車水的新春慶祝活動上，響徹雲霄的鞭炮聲使我們捂住了耳朵。當時的惹蘭勿剎集選區議員梁莉莉遞了耳塞給我們，她現在是丹戎巴葛集選區議員。

2010年10月6日：伴我走過漫漫人生63年的玉芝久病後於10月2日逝世。在葬禮上，我以一朵玫瑰和兩個飛吻向她告別。

李光耀觀天下

ONE MAN'S VIEW of the WORLD

李光耀 著

總理級推薦

《李光耀觀天下》對世界廣泛的課題做了獨特和坦率的分析，將半個世紀以來其他領袖向李光耀請教的精闢見解展現於前。

——前美國國務卿季辛吉

李光耀對東北亞乃至世界深具洞察力又銳利的分析，再次證明了為何他被視為我們這一代人卓越超群的資深政治家。在這個瞬息萬變、充滿無法預見的挑戰的世界，李光耀代表的是理智、明晰和希望的堅定聲音。

——前韓國總統李明博

李光耀提出了一個尖銳且具說服力的分析，強調美國與中國之間最終必然重新平衡全球影響力所帶來的後果。此外，他還明確地揭露了如果歐洲政治家還是無法採取正確行動，歐洲難免將陷入自我邊緣化的境地。憑其遠見卓識和政治智慧，《李光耀觀天下》對二十一世紀世界的複雜性提供了最寶貴的指引。

——前西德總理施密特

本書中的精闢分析，源於李光耀多年來做為一位令人尊敬的政治家的經驗，以及他在國際事務中所取得的成就。

——前日本首相中曾根康弘

對於在亞洲乃至世界各地發生的事件，我同許多其他領導人一樣，經常聽取李光耀明智而且總是坦誠的看法。他不斷探索的頭腦、敏銳的分析和戰略性的視野，使新加坡成為世界上一股獨特力量。這本書蘊藏的智慧和對人性的洞察，將受未來領導人珍惜。

——前美國總統布希

李光耀睿智的觀察和建議，折射了他在漫長而精采的人生歲月中所積累的智慧。他尤其重要的見解是關於中國未來與美國平起平坐時，將如何發揮影響和詮釋角色。思緒縝密的讀者將能從本書的觀點，更清晰地洞悉未來世界的大致格局，相應地進行規劃。

——前紐西蘭總理博爾格

李光耀再次給人們呈現了清晰的思路、流暢的表述、重要思想的深度和常識。一本必讀的書！

——前美國國務卿舒茲

具有洞察力、深思熟慮、深刻透徹及富有遠見。李光耀對這些國家和新加坡未來的評估和分析，是真正的出類拔萃。對那些需要了解世界現狀和未來的人，這將是一本重要參考書。

——前馬來西亞財政部長柴努定

這本書在世界局勢非常不確定的時候面世。他所詳述的大議題，中東、中國、美國和歐洲，無論在今天還是在他或者我的有生之年，都充滿著困難和挑戰。

——前北大西洋公約組織祕書長卡林頓爵士

李光耀從不迴避問題，而是迎頭應對，揭露圍繞問題的既定假設，並毫不留情地痛斥不主動解決問題的藉口。對於問題，別人會閃爍其詞、有所保留，李光耀則是直言不諱、開門見山。沒有其他政治家或評論員能比他更精通於現實政治。

——前英國首相柴契爾夫人私人祕書鮑威爾爵士

多年來，我有幸和他對話，並且每次都覺得增長見聞。即使不認同一、兩個細節，仔細留意他的看法都會讓我獲益良多。美國人、中國人乃至各國人民都能從本書的觀點中受益。

——美國哈佛大學教授、《權力大未來》作者約瑟夫．奈伊

謹以此書紀念亡妻

柯玉芝

目錄

推薦序

冷靜而實際的眼光看世界

胡為真

提到新加坡，人們就會聯想到李光耀，想到成功的治理。的確，在過去二、三十年間，歐美各國的政治領袖在國家治理及世界局勢方面，最常請教的華人政治家，恐怕非李光耀莫屬了。

李光耀資政本人早就有回憶錄和其他著作問世，但這本《李光耀觀天下》有所不同，不但深入淺出的把他對世界各國的分析做了坦率陳述，而且每章都有《海峽時報》的專家群根據其內容同他對話，有些提問的本身就頗有參考價值；甚至書最後一章所引用李資政與德國前總理施密特的對話也相當發人深省。所以這書可謂不是只有李光耀一個人的智慧結晶，而是衆人的貢獻。

去年這書的英文版一上市，立刻洛陽紙貴，網路上也有人開始討論；接著竟然先後有三位新加坡朋友分別都買了這書送我！翻閱之後，覺得確有參考價值，便列爲我在中原大學通識教育課程的參考書之一。現在天下文化願意出中文版，對於廣大的華文世界讀者，可眞是一個好消息。

近身接待的深刻印象

李光耀資政一共訪問過台灣二十五次以上，這恐怕是外國領導人訪問中華民國的最高紀錄了。我在上一世紀的七〇年代曾以外交部長機要祕書的身分，隨同當時的外長沈昌煥訪問新加坡，受到李資政（當時是總理）的熱烈款待，他並招待我們下榻於總理府，這是我第一次與他接觸。後來一九九〇年代初，我在外交部擔任禮賓司長時，曾兩度偕同內子全程接待來華訪問的李資政夫婦，陪同在圓山跑步健身，還一起乘坐火車體驗剛通車的南迴鐵路。二〇〇五年我奉派到新加坡擔任特派代表後，更有機會與他做了數次長談。

我印象最深的，是他對語文政策的重視和他學習中文的恆心。他在本書也多次強調，他在新加坡一直推動以英語爲第一通用語，其次是當地所稱的華語（即我們的國語），卻一直反對把華人所熟悉的不同方言正式列入學校教程。其結果是新加坡建國幾十年以來，果然能順利和世界接軌，也沒有因爲占人口大多數的華人說不同的中國方言而把社會割裂。

李資政本人的母語是英文，但後來勤學中文，還請了曾來台進修的中文老師爲他補習，不久前也把他學中文的經驗出了一本書《學語致用》。在新書中，他提到每天都要學華語，同時也接受了儒家思想，包括「修身，齊家，治國，平天下」的道理。我是親身體會了他努力的成果：過去他與我談話，都是全程用英文；到二○○五年我到新加坡工作第一次見他時，在一個小時的談話中他興奮地先用了半個小時以中文講，向我展示他學中文的成果；到二○○七年我離職前向他辭行時，這位將近九十歲的老人竟在一個小時的談話中十分流利地全程用中文，而且毫無困難！

從新加坡看台灣

李光耀在本書中沒有討論非洲及中南美，但對中國大陸、美國、日本、南北韓、印度、歐洲、東南亞國家及中東局勢都有分析，指出各國發展的重大因素及困難，對世界經濟發展的趨勢，全球暖化及能源問題也有探討。由於他對許多重要國家都訪問過多次，累積幾十年的長期觀察，且都與各方人士及精英政要交換意見，所以他看問題的方向及結論顯得冷靜現實而不帶情感；但確可參考。

全書文字語氣直率，不脫李光耀本色，包括指出日本因人口結構及老化將來不免走向平庸，歐洲因福利社會和僵化的勞動力市場法律削弱了人們奮鬥的動力，將來在世局中不免淪爲配角。而在亞洲地區，由於中國大陸和美國競爭，附近國家要同時加強與兩邊的關係，不能選邊站；同時也不客氣地指出毛澤東如果繼續活著，肯定會是一場大災難。他對若干重大問題的預測仍有所保留，但自始至終的概念則是強調人才與國家盛衰的關係，因此對美國的發展仍表樂觀。

當然，他對新加坡最是語重心長，認爲新加坡如果推動眞正的兩黨政治，則「必然走向平庸」，因爲「最優秀的人才不會選擇從政，參選得冒很大風險，競選活動會變得非常不文明，甚至卑鄙惡毒……牽連家人。」而今後新加坡最大的生存威脅，則是生育率下降的人口問題。這不都是在台灣的我們所關切的事嗎？

這書對中國大陸著墨甚深，認爲需要一個強大的中央以管理十三億人民，不可能行一人一票制；而關於台灣則說得很少。在此特別要補充的是，他在以前所發表的回憶錄中曾敘述了不少台灣與新加坡的關係，詳述了蔣經國總統時代，我國如何在一九六〇和七〇年代在新加坡剛獨立、最孤立無援時，慷慨地伸出援手，幫助這個友邦站起來。事實上，當我幾年前去新加坡擔任代表時，每一位星國政要仍然在初次談話中，向我強調當年蔣經國總統對新加坡的友誼和恩情，是他們永遠感懷的。這種飲水思源和念舊的美德，當然就是來自李光耀的榜樣。

值得參考和深思的言論

不過，李光耀對我國歷史的了解仍然有他的侷限。記得有一次他訪問台灣，我陪他在車上閒談時，講到台灣的未來。他說：「以後你們只要發展經濟就好了，不必爭取什麼國際地位了！」我很驚訝他說出這種話，立刻回答說：「我們是中華民國，有我們的立國精神和對人民的責任。我們不但要爭取國際地位和外國的尊重，對於中國大陸今後的發展也有責任。」他聽了頗為震驚，轉過身來張大眼睛看著我，半晌未出一聲；而我一時激動，也未再多說話。這個印象，在我記憶中，極為深刻。

我對李資政在本書中坦率表達的生死觀及信仰觀，也有不同的看法，當然這是個人的自由了。可是，我對他在本書中所強調的「政治家要成就任何事之前，先得爭取人民的信任，證明自己不是隨便承諾或說討人喜歡的話，而是言出必行⋯⋯（其主要的任務）不光是爭取權力完成某些使命，也（要）有能力選定優秀接班人，讓使命延續下去」的結論，覺得真是重要的經驗之談。

世界正在快速的變化，不論同不同意李光耀的觀點，只要我們關切國家的治理，關切世局的變化，關切兩岸關係的發展，這位經驗豐富的華人長者的言論，絕對值得參考和深思。

（作者曾任駐新加坡特派代表、中華民國國家安全會議祕書長，現為總統府資政、中原大學兼任講座教授）

序

預見未來世界的景象

李光耀

在過去一百年，世界經歷了難以想像的改變。在上世紀二十年代當我還是個孩子時，乘坐牛車從勿洛到爺爺在菜市的橡膠園，兩英里的路程需要足足一小時。更驚人的是今天人們的通訊方式。做爲上世紀三〇年代在新加坡的一名學生，我曾經在好多個星期四或星期五，等待從英國航行了五、六週才抵達的船隻，運來我喜歡閱讀的少年期刊。今天，郵寄航空信件僅需幾個小時，卻沒幾個人這麼做。因爲通過手機和互聯網以光速發送和接收短信和電子郵件，更爲容易快速。

我不可能預見所有這些變化，更遑論預知新加坡會如何改變。

五十年後的世界會是怎樣的一番景象？無人知曉，只能說變化的速度很可能比過去五十年來得快。假設某些趨勢持續，去預測未來十五至二十年可能發生什麼事會比較實際。即使如此，這還是充滿不確定性。

本書是關於我對世界，以及在可預見的未來各股力量相互角力的看法。對眼下的局勢及其起因有正確的認識，是了解未來可能如何發展的先決條件。我的觀點是建立在本身的觀察，和過去五十年參與政事時與形形色色的人接觸的基礎上。在這期間，我掌管了新加坡的外交政策，並會見了許多對處理當時全球問題有第一手經驗的關鍵人物。美國和中國是在行動和決策上，最具國際影響力的兩個主要國家。但新加坡還是必須盡可能與其他國家建立聯繫，如歐洲、日本、韓國、東南亞國家、印度和中東。對於這些國家，我在這本書中寫了它們個別所面臨的主要問題，以及他們可能會有什麼樣的未來。

無論世界怎麼樣，新加坡都得去接受它，因爲它實在小得無法改變世界。不過，我們可以在有限的空間嘗試最大限度的利用，在本區域的「巨樹」之間穿梭。這一直是我們的方法。若要繼續保持如此，我們就必須保持思路敏捷，懂得隨機應變。就新加坡而言，我們的成功故事取決於三大特性：確保這是個讓人們生活與工作的最安全國家，平等對待每一個公民，以及確保每一代新加坡人能持續成功。

如果沒有這三個我們多年來確立的基本因素，我們將失去現有的優勢。無論是本地還是外國的投資者，他們在新加坡投資時必須滿懷信心。這三個因素保證了他們的投資在未來能持續獲得回報。如果我們不是以這種方式同世界聯繫，就會面對與世界脫節的風險。

致謝

要是沒有《海峽時報》的編輯團隊，包括韓福光、卓名揚、朱萊達、蔡美芬和借調到李光耀公共政策學院的行政官沙希賈古瑪的幫助，本書不可能面世。他們提供研究和編輯材料，並與我進行了一系列的採訪。本書每個章節收錄了這些採訪摘錄。

我還要感謝我的特別助理陳康威、新聞祕書楊雲英和各個支持機構的員工，他們確保了這本書能順利及時完成。

第 1 章

中國 China

一個強大的中央

中國在未來二十年內會發展成什麼樣？你想要了解中國，就必須了解中國的人民和社會。

五千年來，中國人一直認爲，只要中央政權是強大的，這個國家就安全；如果中央虛弱了，國家就會紊亂。一個強大的中央會帶來一個和平繁榮的中國。每個中國人都這樣認爲，這是他們從根深柢固的歷史教訓中吸取的基本原則。在短期內，人們不可能背離這一原則。這種心態比共產主義的歷史要長，已存在數個世紀、甚至數千年了。

西方一些人希望看到中國實現西方傳統的民主，這是不可能的事。美國人認爲，如果不實現一人一票的選舉制度，以及每隔數年更換總統和改選議會，就不可能成爲一個成功的國家。這是他們對世界先入爲主的看法。中國人從來沒有這樣的傳統。中國是一個地域廣闊、擁有十三億人口、人民具有不同文化和歷史傳統的國家。它將會走自己的道路。

二〇一一年秋天，廣東省烏坎漁村發生了動亂。開發商與地方官員勾結奪走了農民的土地，然後取走了從出售這些土地所獲得的利益。最初是在九月份，幾百名受到侵害的農民舉行了相對小規模的抗議。到十二月份，一名參加抗議的村民在被警方拘留期間死亡，勢態隨之升級爲大規模的反抗。數天內，近兩萬名村民被鼓動參與。他們將官員趕出村子，設立了路障，用簡單的武器武裝自己。他們要求歸還農田。

雖然中國的媒體被令停止播發任何有關的消息，許多中國人還是能通過互聯網和從國外媒體了解正在發生的情況。最後，廣東省委副書記與抗議者會面，化解了此事。當局承認村民的要求是合法的，並將部分土地歸還給村民，在抗議初期遭逮捕的村民也獲得釋放。隨後村民舉行了無記名投票的自由選舉。抗議活動的一名主要組織者，獲得了壓倒性勝利，獲選爲新村長。那些希望看到中國民主改革的人，把烏坎發生的事看做是轟動的事件。

從報導上看到，在中國其他地方每天都有類似的抗議發生。有些人認爲，這些事件表明中國的政權正在削弱。然而實際情況是，沒有一起事件被允許發展成全國運動。烏坎事件已顯示了這一點。共產黨派了廣東省一名省委副書記層次的官員去進行調解，就恢復了秩序。

從烏坎事件可以得出兩點結論：一是共產黨能保持它的掌控地位，在黨的支持下恢復秩序；二是共產黨可以運用軟硬兩手控制局勢。在態勢還沒有升級前，它可以派非常強大的國家安全機器制止動亂，將問題控制在萌芽狀態。另一方面，它支持村民反對腐敗的地方官。那種認爲共產黨徹底腐敗的想法是過於簡單了。事實上，在整個抗議過程中，烏坎村民一直小心地表明：他們支持共產黨，反對腐敗的地方官。

這是幾千年來中國的抗議者經常採取的策略。他們知道反對中央政權意味著必然滅亡，因此他們宣稱忠於中央，但是反對地方官員的罪行。沒有人敢於挑戰中央，除非他們準備全面出擊以掌控整個國家，但這幾乎是無法實現的。

政治變革

中國能以一個重要大國再現國際舞台，是我們這個時代最引人注目的事件之一。它的經濟取得了不尋常的發展，其成長速度之快，在四十年前是不可想像的，也是人類歷史上前所未有的，而且在今後幾十年內還可能繼續。到二〇二〇年，中國的國內生產毛額（GDP）將名列世界之最。中國人的變化也是顯著的，從毫無生氣、不求進取，變爲崇尚多方愛好和充滿理想。

在軍事方面，中國將大力發展能展現其實力的技術和能力。現在美國人還能來到離中國海岸只有十二海浬的範圍進行觀察。最終，中國將能夠把美國人推出十二海浬的範圍。接著，它會將目標定在把美國人推出其兩百海浬的專屬經濟區，並阻止他們在其東部沿海地區兩百海浬的範圍內從事間諜活動。

我認爲，全球勢力均衡正在發生變化。在今後二十至三十年內，中國將希望與強國平起平坐。它畢竟不是一個新的強國，而是一個正在復興的古老強國。我相信，中國的願望是要成爲世界最強大的國家。

隨著全國各地出現的變化，中國的政治也必須變革。任何制度都不可能永遠一成不變。我在有生之年看到、最令人震驚的一件事是，蘇聯列寧主義制度培養了一位法律系畢業生戈巴契夫，他竟然斷定那是一個壞制度，應該改革。我不敢斷言這不會在中國重複發生；然而，如果只是在選擇領導人的方式上稍做改良，你將引起下一代人的抱怨：「看，這是徒勞的，讓我們解放它。」沒人敢說這種事不會發生。

但是，即使這種事會發生，也不會出現一人一票的制度，會出現的是一批領導人被另一批領導人所取代。這是緣於文化和歷史的原因，中國人相信，強大的中央政權能帶來和平與繁榮。一人一票制度從未在中國存在過，也絕不會帶來一個繁榮的中國，他們不會嘗試這種制度。

在不久的將來，不管有多少烏坎事件發生，我都不會看到有任何起義成功。中國人確實有過農民領導造反或起義的傳統，但那是在生活難以忍受的情況下發生的。目前普通人民的生活正在不斷改善，他們憑什麼需要革命？他們知道，一場革命可以把鄧小平使中國開放後取得的所有進步都毀了。對年輕的中國人來說，經濟前景從來沒有比現在更好，生活水準每天都在提高，中國的國家地位正在加強，我不相信他們會願意打破現狀。被剝奪公民權利的農村勞動力爲數並不很多，而且沒有被組織起來，他們渴望能加入城市的中產階層，改善生活，而中產階層則急於想進入社會的上層。在他們設法進入新階層並穩固地位後，就有可能要求更多的透明度，要求在國家治理方面有更多的發言權，但這可能是若干年後的事。總之，目前的制度需要逐漸演變，但還沒有到崩潰的邊緣。

外界不應低估中央政府在維持權力和控制局勢的意志。掌握情況且超前認知的中央政府密切關注局勢，願意採取先發制人的行動。網際網路、蘋果智慧手機、社交媒體等現代科技的出現，毫無疑問給政府的工作增加了困難。因爲它同時還允許人們互相交流，小群體可彙集成更大群體。但是，政府對這方面的控制絲毫沒有減弱。中國政府雇用了一大批人來監督和審查網路通訊空間。令人驚訝的是，他們願意使用那麼多的人力來控制資訊的流通。儘管一些網友想方設法越過中國大防火牆，但總的來說，當局採取的措施還是奏效的，對網上活動有嚴格的控制。審查制度使網友很難進行鼓動和組織，安全部門將制止任何企圖鑽漏洞的行為。

考慮上述情況，在今後十年至二十年，中國的政治改革會是什麼樣子呢？他們可能會非常小心地朝著更多參與式的政府發展。中國一些村子和部分低層次立法機構已實現直接選舉，不排除逐步擴大直選範圍的可能。但他們將採取試驗性的、逐步擴大的方式，避開會帶來不可預料結果的自由選舉。只要能維持對局勢的全面控制，他們會允許進行一些嘗試。追根究柢，他們還沒有面臨要進行大膽改革的強大壓力或強烈動機。

中國共產黨現在熱中於探索黨內民主，第十七次黨代會比第十六次要開放多了。在部分黨內最高職位的候選名單中，有了更多的選擇。過去，最高領導人（如毛澤東、鄧小平）可以確定他們的接班人，但胡錦濤辦不到。

黨內民主也可以擴大到這個制度的其他方面。可做的一方面是，允許經黨批准的省市級候選人舉行有控制的競選。先讓三、四名可靠的人競選一個重要職位，告誡他們只有贏得民眾支持，才有可能被任命。

當然，有些事情會非常緩慢地改變，有時變化很微小。我認爲，他們不會對國家幾乎所有方面放棄全面徹底的控制。腐敗、缺乏法制和治理制度可能會繼續成爲中國體制的特色，這些都是明顯的弱點。

腐敗在早期是地方性的，但在中國進入市場改革後，由於部長及政府官員的薪水與社會上迅速致富的人相比很微薄，腐敗現象快速蔓延。今天的中國，沒有人際關係，什麼事也辦不成。人們按照對方地位的高低贈送不同的禮物，以發展關係。所有的人都想與職位高的人發展關係，高職位的官員則想與更高職位的人建立關係。如果你是我的上司，對我施加過分的壓力，我可以設法通過與你的上司拉上關係，這是解決紛爭的一種途徑。共產黨稱反腐鬥爭爲關係到黨的「生死存亡」。

中共能控制腐敗嗎？

黨的最高領導人可以試圖保持清廉。但《紐約時報》二〇一二年十一月十一日報導，溫家寶的家屬擁有二十七億美元的資產。我認爲，他們無法控制地方上的腐敗。腐敗不會使這個制度垮台，但會阻礙它有效地運轉。關係能決定升職或任命，還可以影響政策的執行，也使這個國家不可能得到最理想的發展。

此外，做事缺少法律或治理制度，是根深柢固的中國文化。在新加坡，我們已接受必須像西方那樣，由立法機構決定法律的措辭，再由獨立的法院和法官確定這些字句的含義。國會可以批准任何法律，一旦法律通過，如果出現分歧，你不可能回到國會說：「這句話是什麼意思？」你只能找法官，他會說：「根據在已被廣泛接受的判例基礎上確定的詮釋規則，我向你進行如下解釋。」

中國人還沒有接受這一觀念。同樣的，他們也還沒有接受簽署協議是不可更改的觀念。在他們看來，簽署一份協議只是長期友誼的開始。做爲朋友，你們必須不時地商量，你們之中誰是否多掙了錢，誰是否需要掏出更多的錢。

這種含糊不清的概念還反映在他們對制度的看法上。在中國，人大於制度。因此，你可以當國家主席，但是如果沒有軍隊的支持，你這個國家主席就大不一樣。但在新加坡、英國、歐洲或美國，如果你是總統或總理，軍隊領導人自動地接受你的命令，因爲制度大於人。中國能否像新加坡那樣（暫不提美國）確立法律和治理制度呢？這可不是那麼容易。這需要政府和人民在思維方式上有一個根本性的改變。鑒於他們在文化和歷史中缺乏這些概念，人們不得不發問：到底是什麼原因造成了這種現象？

相反的，我看到他們在沒有法律和治理制度的前提下制定他們的制度，進行各種可能的組合。由於受到這些方面的限制，中國絕對不可能發揮我所說的最大能量，即進入不斷穩定發展的理想狀態。

中國將發展其制度和體制，但完全是中國式的。不管他們的改革會發展成怎樣，有一點不會改變：他們將維持一個強大的中央政權。

§

Q：中國的經濟一直發展非常快，但在政治方面的變化卻比較緩慢。

A：我認爲，你必須從中國的文化和歷史中尋找答案。在中國歷史中，一個強大的中央政府意味著一個和平的國家，一個軟弱的中央意味著紊亂，在軍閥時期就是這樣，每個人都可以各行其是。因此，你不太可能看到他們會背離這個原則。

Q：一個強大中央集權的中國是否是中國共產黨的代名詞？

A：對現在的中國共產黨來說，當然是。但是，中國共產黨是什麼？它已不再是原有字面概念上的共產黨了。它是往一個貼著舊標籤的舊瓶子裡倒入了新酒。

Q：但是政治體系仍然照舊？

A：這個政治體系比共產主義更早。中國有個說法：天高皇帝遠。我在這裡就是皇帝。這種觀念已存在上千年了。

Q：你是否認爲儘管已發生了各種變化，這種現象還將維持一段時間？

A：中央政府現在可以使用直升機、網際網路、手機等現代手段，以及迅速部署安全部隊進行控制。管控的基本心態沒有改變。

Q：年輕一代怎麼樣？他們掌握資訊後，是否在改變現狀？草根階層和城市的農民工面對收入不均，是否有可能起義？

A：沒有，我完全看不到任何起義有成功的可能。在廣東烏坎發生過這類衝突，黨的副書記去化解了。他們有一個非常強大的公安部。

Q：這是否是他們能長期執政的祕密？許多政府曾試圖用武力保持對權力的掌控，特別是東歐和蘇聯，但是他們都失敗了。

A：中國不同於東歐。東歐是一部分屬於文藝復興，另一部分屬於要求解放、自由思想的國家，那裡的每個人都有創造力。中國是中國。如我所說，每個中國人的基本原則就是，如果中央強大了，國家就安全，如果中央軟弱，國家將無寧日。

Q：這是否顯示，我們在中東看到的「阿拉伯之春」近期不可能在中國發生？

A：不，我看不到阿拉伯之春與中國有什麼關聯，這是媒體奇異的創作。閱讀這些報導時，我說：「這些人對中國簡直一無所知。」中國人具有悠久的歷史，這決定了政府和人民的思維方式。

Q：沒有從地方腐敗中獲利的農民，是否希望改變這個制度？

A：他們沒有被組織起來。他們希望加入城市的中產階層。他們認爲未來不能靠起義，那只會更糟。他們把希望放在加入城市人口。

Q：是否有足夠的社會流動性給他們帶來希望，使他們有一天能實現加入中產階層的願望？

A：我認爲，中國的社會流動性是存在的。在這個含義上，中國還不是一個高度分化的社會。比如英國，我是比較了解的。每一代都產生一批尖端人物。這些人地位上升，互相通婚，成爲上層社會。他們的孩子由於基因和教育機會的因素，也處於上層社會。中國還需要花很長的時間才能達到這種境地。在新加坡，由於迅速發展教育，我們正處於比預想要超前達到這種境地的危險。人民正在迅速提升。計程車司機或小販的孩子進入了大學，他們互相通婚，然後進入上層社會。這些人的孩子由於基因加上教育的機會，讓他們成為上層階級。每個社會都會發生這種事，但最終會引發很多抱怨。底層的人會說：「好啊，我們重新洗牌吧。」這就是共產黨革命的緣起；國民黨被推翻了。現在共產黨的精英已經出現，但尚未達到高度分化社會的狀態。

Q：共產黨官方理論家現在聲稱，要先從黨內民主開始，然後再擴大。你對這種進程怎麼看？

A：他們將允許選舉，但必須是在他們同意的候選人中選擇。這就是黨內民主。

Q：下一步會怎樣？

A：我不知道。我認為不會有自由選舉。中國從未有過自由選舉。你能想像一個中國人說：「我是吉米・卡特，我是來競選總統的」？

Q：這在台灣發生了。

A：台灣只有兩千三百萬人口，是個非常小的地方。

Q：因此你認爲，中國不會實現一人一票，甚至毫無必要嗎？

A：是的，我認爲不會實現。我可能會看到村級和省級立法機構選舉實行一人一票，但是最高層、統治者、黨的書記及省長不會實行。

Q：如果高層出現了分歧怎麼辦？比如溫家寶當總理時，談論有中國特色的民主，帶有政治改革者的色彩。

A：他不是頭號人物，他是三號。三號人物這樣說，聽起來不錯。前國家主席江澤民仍掌握權力。我相信，溫家寶會發現自己在政治的集體領導中，屬於只有一、兩個人的少數派。這些領導人都是經過精心挑選的，他們怎麼會說「讓我們拋棄這個制度，讓人們來選舉，任何人都可以參選並有機會當選」？這是違反常理的事。

Q：他們對新加坡的政治制度有興趣嗎？

A：他們對所有的政治制度都感興趣，希望從中得到一些想法。但怎麼能適應他們的制度呢？

Q：我們實行一人一票制。

A：我認爲他們不會這樣做；看看他們國家的面積有多大。

Q：他們對新加坡政治制度的哪些方面感興趣？

A：他們對我們的基層經常出席接見選民活動、居民委員會、人民協會等感興趣。換句話說，就是我們了解基層的情況，並著手解決存在的問題。我想他們已下令實施，至於能否眞正實行，那是另一回事。但他們已下令與基層保持接觸，關照他們。但是，當你與開發商勾結，迫使農民放棄農田供開發用途，也不給他們合理的補償，又怎麼能同我們的制度相提並論呢？

Q：如果國民黨仍在大陸執政，是否已實行一人一票制？因爲孫中山信奉西方式的民主。

A：不，不，我絕不這樣認爲。他們在台灣實行這種制度是因爲已縮減到一個小地方，而且他們依靠美國維持生存。他們接受一人一票，是因爲美國人不會保護他們實行獨裁制度。

Q：但是台灣現在實行民主制度，香港在幾年內將實行普選，這對大陸的改革是否會產生更多的壓力？中國人是否會開始對他們的政府施加壓力，要求允許嘗試台灣和香港同胞實行的制度？

A：他們可能有這種要求，但是他們怎麼給政府施加壓力？他們有投票權嗎？

他們準備通過革命推翻政府嗎？我認為執政者是不會放棄權力的，連中國人自己也不相信十三億人可以通過一人一票選出國家主席。這行不通。

Q：你為何這樣認為？

A：你怎麼遊說十三億人？

Q：只是做個比較，印度人做到了。

A：但是出自不同的原因，結果也並不令人驚歎。

§

韜光養晦

不露鋒芒，保持謙遜

我是二〇〇七年十一月訪問北京時，在人民大會堂第一次見到習近平。我起先沒有提出要見他，我要求見別的人，但他們讓我去見他。這具有明顯意義：他們認為習近平更有優先地位。這是他被提升為中國共產黨政治局常委後，首次會見一位外國領導人。這顯然是爲了向世界展示，他已被確定爲胡錦濤的接班人。

他給我的印象是一個心胸寬廣的人，用中國的話說是「大器」，與之相反的是「小器」，他絕不是胸襟狹隘。他考慮問題很有深度，不願炫耀才華。他沒有江澤民那樣隨和，也不像胡錦濤那樣拘謹。他顯得很莊重，這是給我的第一個印象。再考慮到他曾受過困苦磨難，一九六九年，年輕的他被發配到陝西省的農村生活，他從不抱怨或發牢騷，努力工作，慢慢地證明自己。因此我將他列爲南非曼德拉這級的人物。

習是一九四九年以來，中國第五代領導人的核心。他領導一個各級都能力很強的政府。這可算是官僚制度的長處。中國的官員愈來愈多人接觸西方的教育，了解世界，並能說寫流利的英語英文。從嚴格的字面意義上說，他們已不再是共產黨人了，而是實用主義者，決心要塑造一個富裕發達、擁有先進技術的國家。

前四位最高領導人都留下了各自獨特的印記。毛澤東留下的是不斷革命，鄧小平是改革開放，江澤民是鞏固發展，胡錦濤是和諧社會，特別是減少貧富差距。習將留下什麼遺產呢？

自從我在一九七六年首次訪華後，我總會定期去訪問，如有可能每年去一次。

從毛到胡，現在是習，我已會見了中國所有最高級領導人。毛是一個偉大的人物，他使中國站了起來。在他的國家經受長達兩百年的動亂後，一九四九年他站在天安門上宣布：「中國人民站起來了。」做為一個革命者，他是最偉大的。他是一位游擊戰大師，以靈活的軍事行動打敗了國民黨，統一了中國。但他是要讓中國實現現代化的人物嗎？歷史記載了一個悲劇，這個解放中國的人通過文化大革命幾乎毀了這個國家。

如果他還活著，或者他直接的接班人、繼承他思想的華國鋒繼續執政，中國將會走蘇聯的道路。我只是在毛的事業末期有機會見到他，不是在他的頂峰時期。當時一位女士先將他帶有湖南口音的話解釋給一名翻譯員聽，再由翻譯員翻譯成英語。我只看到了一位傳奇人物的影子。

中國幸虧有了鄧小平，扭轉了國家發展的方向。

一九七八年他在訪問曼谷和吉隆坡後，來到新加坡。他希望我們一起阻止越南進攻柬埔寨，如果越南進攻柬埔寨，就挫敗它。我認爲那次訪問使他開了眼界。他原本預料將看到三個落後的首都，因爲這三個國家都是窮國。然而，他看到的三個首都全都超越了當時中國任何一座城市。他在新加坡訪問了大約四天，他的專機在機場關閉機艙門時，我對同僚說：「那些向他介紹情況的人有得瞧了，因爲他看到的新加坡跟他們所介紹的完全不同。」給他介紹情況的一定是來自這裡的共產黨同情者，那是帶偏見的介紹。

他在晚宴上向我祝賀，我問他祝賀什麼。他說：「你們有一座美麗的城市，一座花園城市。」我向他表示感謝，但補充道：「你們完全可以做得比我們更好，因爲我們是中國南方沒有土地的農民後代。你們有學者，有科學家，有專家。你們將比我們做得更好。」他沒有回答我，只是用銳利的目光看著我，隨後繼續轉向另一個話題。那是在一九七八年。

一九九二年鄧小平南下廣東，在著名的南巡中，敦促領導層繼續改革開放。他說：「向世界學習，特別要向新加坡學習，要做得比他們更好。」我對自己說：「噢，他沒有忘記我對他說的話。」事實上，他們是可以做得比我們更好。

鄧在新加坡看到，一個沒有天然資源的小島通過引進外國資本、管理、技術，能夠給人民創造美好的生活。他回去後說服人民，中國需要向世界開放經濟。這是中國歷史上開始興旺的時期，是一個重要的轉捩點。中國從此再也沒有回過頭去。

我親眼看到中國戲劇性的變化。實體建設已將基礎設施很差、破舊的城市，建成具有高速鐵路、高速公路和機場的城市。你可以去訪問大連、上海、北京、廣東或深圳，他們現在可以與香港或世界上的任何一個城市媲美。中國人是偉大的建設者和能工巧匠，我不明白為什麼他們壓抑自己這麼久，以致損害自己的利益。

鄧使中國進入了一個不同的軌道，他的功績值得稱頌。在他提出開放時，許多老一代領導人表示反對。但他是一個意志堅強的人。他不管這些人怎麼說，堅持並實現了自己的主張。沒有他，不可能發生這麼大的轉折，因為唯有他經歷過長征，在資歷上超過所有懷疑者。他雖然身材矮小，卻是一位偉大的領導人。毋庸置疑，他是我所見過、印象最深的國際領導人。

江澤民是鄧小平選拔的接班人。一九八九年發生天安門事件時，他擔任上海市委書記，平息了上海類似的騷亂。他是將鄧宣導的現代化計畫視為其目標的一位堅定的領導。他給我的印象是熱情、友好。他會大聲唱義大利歌曲《我的太陽》，他抓住我的手臂說：「你認為美國人對我們是怎麼看的？」這當然是在他們與美國人建立良好關係之前。他們現在不需要問我了。

我認為胡錦濤是一位整合者。在他執政期間，也許做了一、兩項根本性的改變，但是，面臨農村人口往城市遷移、收入差距擴大等多項挑戰，他需要進行整合的問題很多。他給我的印象是沉著、思考縝密。他不張揚，記憶力很強，對面臨的所有事物都進行仔細的研究。

在他掌權中央後不久，處理 SARS 危機時最初出現了失誤，一旦他發現這對經濟構成嚴重的威脅，就全力以赴處理這個問題，包括前所未有的撤銷了衛生部長和北京市長的職務。這顯示了胡錦濤和總理溫家寶堅毅的領導。畢竟胡能成爲中央核心的原因之一，是他曾平息西藏的叛亂。我認爲在他溫和、慈祥的外表下有堅強的個性。

現在很難預言習近平在掌政的十年中，會採取什麼樣的政策、留下什麼樣的遺產。中國領導人在上台前絕不會宣布他今後的計畫，他們情願保持低調。中國正處在面臨許多國內挑戰的關鍵階段，他希望集中精力處理這些問題。此外，許多方面還取決於他突然遇到的外部突發事件。當你面臨未預料到的嚴峻問題，再好的計畫也會失敗。然而，我相信他會沉著應對，不會驚慌失措。他是有影響力的，我相信他會得到黨的支持。他的軍方背景也有利於他對軍隊發揮影響力。

他的外交政策將受到密切關注，中國的崛起無論在西方還是亞洲都引起了許多國家的驚恐。一個強大的中國給全球社會帶來許多益處，如中國企業在海外的投資正在不斷增加。但是，中國的鄰國開始對這位睡醒的巨人採取更爲獨斷的外交政策予以關注。美國也正感受到，如果不是在全球，肯定也是在亞太地區，其優越地位受到了強烈挑戰。

問題的關鍵在於是否相信中國再三的承諾：即它只尋求和平崛起，絕不稱霸。對此存在兩種觀點：一是中國會悄悄地成爲強國，悄悄地擴大其影響，不會盛氣凌人；另一種看法是他們會炫耀實力，對所有的人進行恫嚇。我認爲，他們將選擇前者，但同時增強實力。

鄧小平認爲，中國在逐步強大時應當保持低姿態。他主張不露鋒芒，保持謙遜，即中國人所說的「韜光養晦」。中國人懂得，他們還需要三十至四十年和平時期才能趕上世界其他國家。他們已得出結論，如果他們堅持發展方向，避免惹怒現有大國，與所有的人交朋友，只會變得愈來愈強大。這將給他們留出空間，去處理國內問題，繼續發展經濟。

他們還注意到，必須避免重蹈日本和德國曾走過的老路。當時德國和日本的興起，導致他們各自在歐、亞爭奪權力、影響力和資源。這場競爭引發了二十世紀兩場可怕的戰爭，最終導致這兩個國家的崛起終止。如果中國捲入一場戰爭，將面臨內擾、衝突和動亂的危險，可能再次陷入長期沉淪。因此，對中國人來說，理智的考慮是：「我們已經用了這麼長時間等待這個能趕上已開發國家的機會。爲什麼要匆忙做出不利於逐步崛起的事呢？」

這當然並不意味著，中國每次與別國發生爭端時都只是讓步。隨著力量對比的變化，中國將有更多表達喜惡的自由。如前外長楊潔篪所說，凡是關係到中國的核心利益，中國必須堅持自己的主張。中國在亞洲最密切的鄰居都已體會到這一點。在二〇〇八年，越南把在南中國海有爭議的海域石油開採權，發給美國石油天然氣公司埃克森美孚（Exxon Mobil）公司。中國海軍要該公司離開那裡，中國政府也表明，如果這筆交易還要繼續，將危及埃克森美孚公司在中國的生意。由於美國海軍不在那裡，不能幫助他們堅持自己的權利，該公司只得撤出。

最近，就在二〇一〇年，還發生日本扣押一名中國漁船船長的事件。他的拖網漁船在有爭議的尖閣諸島（中國稱釣魚島）外與日本巡邏艇相撞，日本起初要按日本法律起訴那名船長，但最終屈從於中國強大的壓力，決定予以釋放。這個事件顯示，力量對比格局已發生了多大變化。日本人現在面對的是一個面積相當於它十倍的中國，而不是在二次世界大戰中他們可以侵略、幾乎要占領的中國。日本方面的屈從只是接受了現實。他們明白，他們是在跟一個有組織、紀律嚴明的中國打交道；不是跟軍閥，而是跟一個可以果斷採取行動的中央政府打交道。

因此，這些年來，你可以非常清楚地看到中國人不再消極，他們積極地維護自己的權利，並將繼續這樣做。中國人知道，在這個地區他們是老大，隨著其國力增強，中國可以期待鄰國更加尊重他們的利益。美國人在亞太地區保持顯著的力量，以平衡中國，這符合包括東南亞國家協會（ASEAN，簡稱東協）各國在內的亞洲國家的利益，如果沒有美國的制衡，亞洲小國就沒有迴旋的餘地。當你有兩棵樹，而不是一棵樹時，你可以選擇在任何一棵樹下遮陽。對美國來說，留在太平洋也是重要的，因爲如果美國在這裡失去了優勢，也會失去在世界其他地區的優勢。

中美之間爲爭奪這個地區主導地位的競爭早已在進行，還將繼續到二十一世紀的後期。到那時，美中關係將成爲世界上最重要的雙邊關係。這不同於冷戰時期的美蘇關係。九一一事件後的幾年裡，美國陷於伊拉克和阿富汗戰爭，中國能夠悄悄地加強它在這個地區的利益，與東協加深關係，簽署了自由貿易協定。當中國前總理朱鎔基在十年前建議成立中國—東協自由貿易區（CAFTA）時，東協各國政府都感到吃驚，因爲我們以爲，中國不願意通過雙邊和地區自由貿易協定進一步開放其經濟。

這是中國方面爲了與東協發展強大的經濟關係而採取的一項戰略行動，從而使東協把中國的發展看做是機會，而不是威脅。當時，我對美國貿易代表說，在今後十年至二十年內，如果沒有美國－東協自由貿易協定，東協的經濟將會愈來愈與中國的市場連接在一起，美國將成爲我們的第二市場。

在軍事方面，美國仍然遠遠領先。中國的國防預算雖然每年都以兩位數增長，但美國的國防預算仍超過中國，呈六：一，這表現在美國較優越的軍事技術方面。中國希望最終成爲美國那樣的軍事強國，這需要幾十年的時間。

但是，中國人正在盡一切努力追趕。他們正在尖端科技方面與美國競賽，例如將人送入太空、發展美國無法擊落或拒絕承認的全球定位系統。他們明白，如果倚賴美國的全球定位系統，美國將比他們技高一籌。當中國顯示能在太空中將自己的衛星擊落，並能攔截自己的彈道導彈時，他們向美國發出了一個信號：「你們嚇不倒我，我可以擊落你在太平洋上空的導彈。」我們談的是如同一根針追逐正在飛越太空的另一根針，這可不是弓與箭那樣簡單的機械活動，這是他們能力的一次非常重大的展示。

我認爲，中國遲早會阻止美國在其東部沿海地區的間諜活動。目前，美國能夠來到離中國海岸近達十二海浬的海域觀察。反過來思考，如果中國的海軍、空軍，包括其航空母艦如此靠近美國海岸，美國將會無法忍受，他們絕不允許。因此，你可以想像中國人的感受。爲了將美國人進一步趕離他們的海岸，他們必須改進遠端導彈需要的技術。當你具備了這種技術，隱含威脅顯示如果有人靠得很近，你就可以發射導彈，將其航母擊沉，或將其飛機擊落。目前，中國還做不到。當他們能做到時，飛機將要遠離射程之外，美國人不會想碰運氣冒險。中國人會說：「這是我的經濟區，走開。我不會到你的太平洋海岸，誰給你到這裡來的權利？」美國人會說不嗎？最終，強權即公理。

因此，在二十至三十年內，雙方的力量最終會對等，實現平衡。第一次平衡，中國將把美國人趕出十二海浬的界限，第二次平衡將把他們趕出中國兩百海浬的專屬經濟區。一旦能做到這樣，他們就成爲這個地區最有影響力的國家了。

一些學者根據歷史先例預言，一個大國崛起時，現有的超級大國會視爲對其優勢的威脅，兩者之間的軍事衝突即使不是無可避免，也極有可能發生。就中、美而言，我並不贊同這樣的看法，這不符合兩國的願望，他們都不想在戰場上對抗。兩國都有核武，他們都明白會引發巨大的災難性後果。

再進一步說，不同於美、蘇間的關係，美國與熱中於信奉市場經濟的中國之間的關係，目前不存在激烈、不可調和的意識型態衝突。中國需要與美國保持友好關係，確保繼續獲得其市場、投資、技術，以及獲准進入其大學。美國更沒有必要與中國長期為敵。

美、中兩國間會出現的最大危機是在台灣問題上。但是我認為，美國不會為了維護台灣的獨立與中國交戰，這得不償失。你可以交戰並贏得第一回合，但美國人是否準備打仗、打仗、再打仗？在台灣問題上，美國是否準備付出中國願意付出的代價？請記住，如果台灣在他執政期間失去，沒有一位中國領導人能繼續掌權。因此，對中國人來說，這是一個非常嚴肅的課題。即使中國在第一輪打輸了，也會返回來打第二輪、第三輪、第四輪，不斷地打，直到勝利，這對美國來說不值得。台灣方面即使現在還沒明白，以後也會明白的。馬英九的口號「不統、不獨、不武」，即「不實現統一、不搞獨立、不使用武力」，這顯示他多半已意識到這一點。關鍵的說法是不搞獨立，因為毫無疑問，台灣一旦宣布獨立，中國就會以武力收復這個島嶼。

台灣與大陸的重新統一是時間的問題，這是任何國家無法阻擋的。事實上，台灣的國際命運早在一九四三年的開羅會議上就被確定了。當時的羅斯福、邱吉爾和蔣介石，就台灣回歸中國達成了協議。李登輝當總統時，他發起台灣化進程，強調該島脫離中國。但是這不會改變最終統一的結果，這樣做只能使台灣人在重新統一實際發生時更加痛苦。經濟將會解決這個問題，逐步和不可阻擋的經濟整合將把這兩個社會連接在一起。中國將認識到沒有使用武力的必要。雙方的經濟關係在馬總統上台後一直在發展，在今後四年內還將繼續發展。在國民黨統治八年後，假設民進黨上台，要改變政策，台灣的農民和企業家會感到痛苦，民進黨就會在下屆或再下屆選舉中落選。兩岸不斷發展的互相倚賴關係，將使台灣無法實現獨立。

§

Q：你對中國發展之快是否感到吃驚？你在一九七六年第一次訪問中國時，是否已預見到這些變化？

A：沒有，也不可能。我不知道毛還能延續多長時間。鄧小平是在一九七八年到新加坡來的。他回去後改變了政策，實行開放，引進投資，這使他們向世界開放，他們還到國外訪問。現在他們有蘋果手機，雖然有些網站被關閉。事實上，四川發生地震時，是一個有蘋果手機的人發布了這個消息。如果沒有蘋果手機，這得由中央政府決定何時宣布。因此，科技已改變了他們的工作方式，也改變了政府處理新情況的方式。

Q：你第一次會見習近平是在二〇〇七年。你對他的印象如何？

A：我認爲，他是一位非常能幹的領導人。他受過磨難，內心堅強。他的父親被下放，他也是，被下放到農村。他默默地努力工作，在福建省獲得提拔。隨後，上海市委書記被發現腐敗，他們將習近平從福建調到上海。他在上海獲得認可，上調北京。因此雖然他是幸運的，但也顯示他具有能經受考驗的毅力。

Q：習近平擔任最高領導，正值中國處於過去兩個多世紀以來最強盛時期，他會更加獨斷嗎？

A：我認爲，這並不會使他感到得意洋洋，而到處耀武揚威。他是一個能縝密思考的人，懂得這不符合中國的利益。因此我對他的印象是，他將繼續鄧小平的不露鋒芒，保持謙遜的原則，即韜光養晦。

Q：習近平等新領導人在哪些方面與你在七〇、八〇年代見到的領導人不同？除了人格上的不同，是否還有能反映出中國已發生變化的差別？

A：他們現在面臨完全不同的問題。過去是極端貧困和缺乏基礎建設，現在他們在沿海地區的城市幾乎已經提升到香港的水準，但是那裡只占總人口的不到五〇%。我認爲，約五〇%至五五%的人口仍在農村落後地區。

Q：他們在思維上不再那麼僵硬嗎？你在回憶錄中寫道，早期的中國官員照稿念，回答問題很生硬。

A：不，不，他們已經開放了。那時候中央控制得很嚴，任何人想表達自己的想法可能會講錯話，而給自己惹麻煩。現在他們可以非常自由地與你交談。

Q：我確信你在會見中國領導人時，他們注意聽取你就不同課題表達的觀點。你觀察今天的中國領導人，他們最關注的是什麼？他們想從你這裡聽到什麼？將他們與上幾代領導人做個比較，你怎麼看？

A：我對習近平說，再過幾年他不用來新加坡向我們學習。我們將去中國向他們學習。他當然不同意。他說，不，不，他對我們的制度感興趣。他的意思是，他們沒有英國制度給我們提供的那種結構。我們建立的機構能支撐一個領導人，一個脆弱的領導人，而不至於垮台。當然這種狀況不是長時期的。

Q：他們也很注意聽取你對這個地區及美國的看法嗎？

A：不是的。由於他們正直接與美國打交道，已不再需要聽取我對美國的觀點了。對他們有價值的是我們對這個地區的看法，他們對這個地區不了解。他們也希望我們能發揮作用，使這個地區不再害怕中國崛起。

Q：你是否關注他們的反應？假如他們眞的在這些年內增強了實力，最終你不得不和一個更難應對、更加獨斷及更具優勢的中國打交道。

A：你必須接受他們在這個地區是老大的事實。他們在太平洋地區不是最大的，因爲美國總會在那裡制衡他們。但是他們會逐步讓美國離開沿海地區。那是我們不得不接受的變化。

Q：這將會使新加坡這樣的小國更加不安嗎？

A：新加坡不會比別的國家更擔心。這是遲早會發生的事，也許要五年、二十年或三十年。但他們會成爲太平洋西岸占據優勢的國家。

Q：這是新加坡將要經歷的一個非常複雜的未來？

A：不，不一定。對越南來說更爲複雜。我們與中國沒有利益衝突。越南已對有望發現天然氣和石油的海域提出所有權的要求。我們與中國沒有這類的情形。

Q：歐巴馬總統正對這個地區做出新的承諾，被稱爲「歐巴馬的太平洋軸心」。我們看到希拉蕊在一艘航母前演講。這是美國在這個地區的長期承諾嗎？

A：不，不，不，不存在長期承諾這樣的事。這只是一種願望的表達。他希望能持久，但並不意味著將無限期延續，因爲勢力格局會變化。他們位於遠離這裡八、九千英里的太平洋另一側。跨越這麼長距離，利用日本做爲基地來發揮影響力，可不比你越過自己的海域和專屬經濟區，在你所在的地區發揮影響力那麼容易。

Q：因此，中國打算耐心等待事態的發展。

A：是的，當然是。

Q：美國憑什麼來發揮他們的影響力？

A：一是美國的經濟實力，它們花多少在國防開支以及太平洋被它們列入多重要的地位上；二是中國增強其實力的速度。

Q：因此，根據你對這兩點的評估……

A：我認爲，雙方的力量對比在二十至三十年內將持平。

Q：在二十至三十年內，雙方力量持平後又會怎樣？

A：我們自己必須做出調整，你得開始適應他們。他們將是太平洋這一側在面積和實力上可以超過美國、離我們最近的鄰國。美國必須越過數千英里發揮其影響力，而中國僅需數百英里。美國因素將始終存在，不會消失。美國不會放棄在太平洋這部分地區的影響。它與日本、韓國、越南和菲律賓結盟。因此局勢將逐步發生不可避免的改變，但還不至於將美國趕出這個地區。

Q：觀察這兩、三年來的南中國海爭端，你認爲中國將會如何應對？

A：那裡涉及他們的核心利益。他們認爲這是中國的領土，他們對這些沙洲和小島擁有主權。他們期待下面有石油、天然氣。我認爲，他們在這個問題上會採取非常強硬的路線。最終這個問題會根據聯合國海洋法得以妥善處理，因爲這是唯一不需要任何一方退讓的方法。因此，每個島嶼，每個小沙洲都將依據離哪一方距離最近來決定所有權。但是他們已表示要通過雙邊談判，而不是將東協做爲一方來集體談判解決。

Q：那是東協的希望，以集體解決。

A：東協希望在南中國海各方行爲宣言的框架下，通過早日達成南中國海行爲守則，集體應對緊張態勢。

Q：但東協的設想會實現嗎？最終是雙邊還是集體解決？

A：我想是雙邊。我認爲，印尼或馬來西亞或新加坡，都不會帶領東協捲入這場爭端。何必呢？

Q：美國人呢？

A：美國人早已捲入了，但只是在外交上。他們是否會在軍事上捲入，那完全是另一個問題。我對此存疑。對他們來說，沒有興趣到這麼遠的地方來發揮影響力。他們爲何要爲了越南和菲律賓的利益與中國交戰？

Q：今後美國政府如果有一個更加鷹派的總統，是否有可能斷定，他們宜早不宜遲地攤牌？

A：不會的。可能會有一個鷹派的總統，但是軍方將領會告訴他，在多大程度上他可以維護自己的權利或權力，如果他確定要伸張自己的勢力，將要付出多大的代價，將要爲更多的國防開支投入多少資金。

Q：在美中之間，另一個可能產生問題的爆發點是台灣。目前情況進展很好，經濟整合和旅遊增加了。這種相互關聯導致他們靠得更緊密。然而，統一的最終時間表似乎已被推遲到不太明確的將來。

A：中國人並不在乎。他們可以無休止地等待，他們有的是時間。與此同時，台灣爲了經濟發展，與中國的互相依存愈來愈強。這種情況延續的時間愈長，一旦台灣政府要改變或逆轉政策，他們的痛苦也就愈深。

Q：但在台灣當地的調查顯示，支持獨立的人比要統一的人更多。

A：（這種民調）是毫無意義的。如果你是一名台灣人，你是希望獨立，還是保持現狀，或者成爲中國的一部分？台灣的未來能按你想法確定嗎？南部的台灣人絕對不希望與中國融合，他們將始終是這樣。但是他們的觀點能得到大家的贊同嗎？台灣的前途不是根據台灣人民的意願確定的，而是由台灣與中國力量對比的現實，以及美國是否打算進行干預來確定的。這不是以民意調查來決定，如通過了就要實現統一，大多數反對就否決。

Q：金正日去世使亞洲的地緣政治局勢發生任何變化了嗎？

A：沒有，我認爲沒有。中國不願意北韓被南韓吞併，這將會使南韓和美國的軍隊逼近鴨綠江。中國認爲，這不符合他們的國家利益，他們將盡力維持現狀。

Q：中國對北韓還有多少影響？

A：北韓能夠生存，很大程度上倚賴中國。他們處理經濟的方式時而造成人民幾乎處於饑餓狀態，中國向他們提供了食品和救助。

Q：你認爲這種狀況會延續二、三十年嗎？是否存在北韓發生內爆的危險？

A：不，我不這樣認爲。爲什麼內爆？當它一度幾乎處於饑餓時，中國提供了糧食，世界也提供了援助。

Q：如果鼓勵北韓像鄧小平在中國那樣開放經濟，這符合中國的利益嗎？

A：他們曾安排金正日去上海等地，向他展示不用失去控制也可以改善經濟，但是什麼效果都沒有。有一種推測是，在新的領導下，北韓政權可能實行經濟改革。年輕的金正恩是否有足夠的勇氣走這條路，現在下結論還爲時過早。

Q：你曾說過，美國最終將與中國在亞太地區分享優勢地位。如果發生這樣的事，對新加坡這樣的國家意味著什麼？

A：我們不得不對中國和美國的想法多加關注，或者對中國的關注更甚於對美國。日本和南韓早已在中國進行廣泛而深入的投資，同時又與美國保持安全關係。這種情況能延續多久？當你愈來愈參與在中國的投資，鑒於中國可以控制你的企業，強行下達命令，你與美國的安全關係怎麼能阻止中國使用經濟力量呢？

Q：與美國人打交道和與中國人打交道非常不同。由於美國在這裡是主導力量，我們不得不與美國交往。

A：我們發現，美國人多少還比較仁慈，他們不會逼迫你。他們確實希望大家都成為民主國家，但他們絕對不會迫使你接受。中國人不在乎你實行民主還是專制，他們只是希望你順應他們的要求。這是完全不同的方式。他們不相信自己的政府模式能給你帶來福音，讓你接受。他們是從不同的角度考慮他們所能發揮的作用。

Q：我們有一天會給中國海軍提供一個後勤中心或其他形式的基地嗎？

A：我不能這麼說。這在我有生之年不會發生。我認為，第一步將是為這兩國的海軍提供後勤中心，而不是只為一國。千萬不要在他們之間做選擇。

Q：你認為新加坡不在他們之間做選擇的立場能保持多久？

A：我不好說。這取決於美國的經濟情況和他們發揮影響力的能力等。

Q：你和美國人打交道，與季辛吉等人建立了某種良好的個人關係。在與中國人交往時，新加坡的部長能與中國領導人建立如同你享有那麼良好的個人關係嗎？

A：就目前來說，我們已經建立了良好的個人關係，因爲他們想從我們這裡獲取想法。但是，一旦他們處於領先地位，就不再需要我們了，關係也會變化。然而我認爲，因爲在蘇州工業園區等方面獲得了我們的幫助，他們仍留存某種人情待還的感覺。我們留下了良好的信譽。

Q：一九七六年你訪問北京時見到了華國鋒總理，他想給你一本有關中印戰爭的書。該書帶有偏見，是中國的觀點，你不顧冒犯他們的風險，拒絕接受。你解釋說，書中有些敏感之處，新加坡居住著一些印度人，他們有不同的看法。毫無疑問，你再遇到這種情況，還是會這樣做的。但是中國現在強大多了。如果新加坡一名年輕的部長遇到這種事，你也會建議他拒絕接受那本書嗎？

A：我不知道他會不會接受，這取決於他的性格。但即使他接受了，我想，他也不會非常信服地讀那本書。那是單方面的看法。我們已從多種管道獲得了各種不同的觀點。

Q：但是中國現在強大多了，年輕的部長能有勇氣敢於冒犯中國人嗎？

A：假如你接受了那本書，就會改變你的想法嗎？就我而言，我已看了這本書的不少部分，我告訴他：「這不會使我改變看法。」但是，他們面臨的中國已不同了。年輕部長需要確定如何處理好他們與中國人的相互關係。如果你使他們產生反感，下次他們就不會再讓你去了。

§

新中國

人民、社會、經濟

一九八九年秋天，中國前副總理錢其琛的兒子錢寧在天安門事件發生後，獲獎學金到密西根大學深造。他當時三十來歲，赴美前曾在人民日報工作。幾年後，他寫了一本書《留學美國》，中國允許這本書出版。他具有無懈可擊的共產黨家庭背景，但是他的作品具有相當大的顛覆性。

在密西根州安娜堡（Ann Arbor）市，他意識到生活的內容不應該只是在北京溫室裡的自我批評和政治運動，還應當包括聚會、燒烤野餐和真摯的友誼。他在其中一段中寫道，那些到美國陪讀的妻子回國時已不再是原來的中國婦女了。他們看到可以有不同的生活方式。他隱晦地表示，他已對中國社會能容忍的事情改變了看法。這就是有多種管道與外部世界相互影響的新中國。

中國的開放正在緩慢而又確實地改變中國社會的面貌。一九七六年我第一次訪華時，中國是一個非常封閉、僵硬的社會。街上的普通中國人穿著藍色或黑色服裝，看上去幾乎一個樣。那天雖然不是學校的假日，但他們帶了一大群學童來歡迎我。他們唱著：「歡迎，歡迎！熱烈歡迎！」我在想：「他們應當在學校讀書，不應該浪費他們的時間，從學校來到機場，再回到學校，耽誤了一整天的學校課業。」這個制度確實有些死板。他們迎接客人時，試圖讓人對他們顯示的熱情友好有好感，同時還要對歡迎的人數、規模以及他們做事的整齊劃一留下印象。我想，那已是過去的事了。他們已明白這樣做並沒有給客人留下任何印象。此外，藍與黑的制服也沒有了，現在你在街上可以看到五彩繽紛的服飾。西方奢侈品牌發現，中國是一個可以賺錢的市場。二〇〇九年，中國超越美國成爲世界第二大奢侈品市場，僅次於日本。由於送禮文化，高檔手錶和皮革製品在特殊需求之列。賓士和寶馬汽車雖然在許多發達國家的訂單滯銷，但在過去兩年裡，在中國的銷售量翻了一倍還多。中國的中產階級正在追求美容、昂貴的服裝和舒適的生活。他們已認定，簡樸的生活方式不可能創造一個幸福的社會。

如同錢寧，今天中國的年輕人生活在一個地球村。人們到處旅行，中國人去美國和歐洲，美國人、歐洲人到中國。即使他們沒有機會到密西根讀書，也可以通過互聯網、外國電影、書刊獲得了解世界的視窗，他們的前輩在幾十年前對這些只能是夢想。他們的眼界已開闊了，他們對自己和中國在世界上的地位的看法將會改變。在中國開放後出生和成長起來的新一代，有一天將掌管他們的國家。他們不會有中國過去多難歷史記憶的負擔。他們是從每天的經歷中，而不是從歷史書本上了解中國的。中國現在比鴉片戰爭以來的任何時期都要強盛，而且一天天地更加強盛。

這對明天的中國意味著什麼？我們在三十年內會看到一個更為獨斷、更加民族主義的中國嗎？有可能。我在這個新中國的第一階段，看到不斷滋長的民族主義，這是因為中國人感到他們有實力了。但是，當他們開始意識到能做的還是有限，就會停下來進行反思。由於他們已認識到，展示實力並不能使美國人離開這個地區，因此他們將適度地展示力量。他們將會意識到，他們對比他們小的鄰國愈施加壓力，這些國家就愈會向美國靠攏。為了保險起見，這些小國為美國的航母來訪提供便利。

幾年前，一位七十來歲的中國領導人問我：「你相信我們和平崛起的立場嗎？」我回答：「我相信，但需要說明一下。你們這一代經歷了抗日戰爭、內戰、大躍進、文化大革命、四人幫和現在的開放政策。你們明白存在許多隱患，要使中國不斷上升，不發生災禍，你們需要國內穩定，對外和平。但是，你們正在反覆向年輕人灌輸，在一個復興的中國所享有的巨大自豪感和愛國主義。由於灌輸了這麼多，因此當他們向日本示威時，轉向暴力。我擔任總理的兒子二〇〇四年訪問台灣時，在中國的網路聊天室，他和新加坡被攻擊爲忘恩負義和叛徒。情況因此很容易發生變化。」這位中國領導人表示，將確保他們的年輕人能夠理解。

我希望他們會這樣做。一代人成長到一定時候，會以爲他們已經是成人了，實際上還沒有。那將是糟糕的事，會破壞這個地區的穩定。事實上，僅僅應對中國的崛起，足以消耗他們所有的智慧和激情。

隨著時間的流逝，我毫不懷疑中國能夠提升價值鏈，在最先進的技術和製造業方面與已開發國家競爭。目前他們試圖在航太和軍事科技等尖端領域追上美國。他們致力於提升在國際範圍內的戰略基本力量。接著，他們會在消費產品方面逐步追上，但是，目前消費產品還處於品質最底端。你可以變得富裕，但是如果你的全球定位系統、火箭等倚賴美國，你會被挫敗。航太研究、全球定位系統不是經濟增長的來源，但能確保他們的經濟增長不受軍事行動的損害。

任何國家的崛起都不可能是不容變更的。在今後幾十年內，如果不發生脫軌事件，中國的經濟增長將會持續。但是數個嚴重的國內挑戰將消耗中國政府大量的精力、時間和資源去處理。如果任何一個挑戰失去了控制，就可能會造成嚴重的經濟衰退或社會動亂。即使保持了穩定，也還會有一些限制的因素。爲什麼這麼說呢？舉個例子吧，爲何蘋果手機不是在中國發明？中國的智慧財產權法和企業制度目前還不能提供足夠的獎勵，去解放我們從歷史上明確了解到的中國人民擁有的創造力。但是我樂觀地認爲，目前中國的領導階層有足夠的意志和能力，理智地處理這些國內挑戰。在過去三十五年的改革開放中，中國已證明能夠對錯誤的政策反省，及時予以制止和避免造成更大的問題。

有一段時間，一些相互鄰近的城市紛紛重複建設許多基礎專案。在深圳、珠海、香港和澳門，有四個機場相互靠得很近。這些事都是在他們對形勢失控的時候發生的。市長的政績一度是依據他們所管轄的城市發展情況而定，不管這種發展是否是可持續的。他們不是把重點放在長期增值的項目，而是放在增加GDP的數字上。結果，他們忽視了環境，忽視了長遠規劃，但他們也在糾正。

繼續向前發展，在沿海與內陸省份之間，以及在一定程度上城市與城市之間，出現不斷擴大的財富差距，這可能造成嚴重的緊張情況。沿海城市的發展速度比內陸城市至少快三分之一，而且是從高得多的基礎發展。這些城市吸引了更多的資本、創造了更好的工作機會，而且爲居民提供更高的生活水準。這些差距正在擴大。

當然，在中國這麼大的國家，一些發展上的不平衡一定會存在。我認爲，西部的省份永遠不可能像沿海、沿江的省份那樣繁榮發達。以美國爲例，東岸和西岸都比內陸人口更稠密、更爲繁榮，只有芝加哥例外。但是芝加哥有聖羅倫斯河和五大湖，船隻可以駛入。靠海地區的地理優勢不可能完全被超越。此外，在中國，一些西部省份不僅遠離海洋，而且還有一些半沙漠地區，那裡的氣候很惡劣。那些希望能有好前途的聰敏學生都把目標放在能到沿海或北京讀大學。這是一個惡性循環，因爲你最好的教授和老師也不願到內陸。胡錦濤主席強調要建立「和諧社會」，並將它做爲在沿海與內陸之間實現平衡發展的目標之一。他們正在建設基礎設施，通過爲商家提供特別的投資條件，使西部地區得到發展。這項工作仍在進行中。最終，內陸省份的水準有可能提高到沿海省份的六〇％至七〇％。中國面臨的挑戰是，要確保因財富差距引起的不滿，不至於發展到無法控制的地步。衛星電視使這個問題加重了。成都或雲南的人在電視螢幕上可以看到北京的發展狀況。他們看到了由世界著名建築師精心設計的宏偉奧運體育場。他們會說：「這跟我有什麼相關？什麼時候能輪到我？」

發展不平衡已導致其他問題。居住在較爲貧困地區的人希望搬遷到較爲富裕的地區。從農村向城市遷移的人很多，估計每天占中國總人口的一％。中國有「戶口」家庭登記制度，這如同日本的現代戶口登記制度（稱爲戶籍，Koseki），未經批准，你不能從甲處搬到乙處居住。如果你堅持這樣做，在新的居住地你將享受不到醫療服務、住宅供應、孩子上學等權利。但這並沒有阻止人口遷移，農村勞工照樣流向城市，他們在城市各處幹繁重的苦活，他們和孩子都不能享受基本的社會服務。這種現象是難以持久的，當局也明白。但是，如果允許他們自由遷移，城市都將爆滿。因此當局正在設法尋找解決方法。鑒於城市的發展需要勞力，他們正在讓地方當局分擔安排移民的部分責任。他們還告訴我，計畫在中國中部建立六個城市群，每個城市群的人口可以超過四千萬。他們希望將農村人口吸引到這些城市，而不是去沿海城市。但這必須是一次可控制的活動，因爲這些城市無法向移民提供沿海城市所能提供的機會。

中國經濟上最容易實現目標的時期就快過去了。爲了確保今後幾十年的經濟成長能夠持續，整個經濟戰略需要調整。中國因有廉價勞力，還可以繼續享受一段時間的快速發展。西部省份的人力資源儲備可以讓中國以七％、八％或九％的成長速度發展十五或二十年。隨後，經濟成長將取決於生產力，即他們如何教育中國人民在同樣的時間內生產更多的產品。換句話說，不管是通過大學、理工學院還是技術學院，你如何訓練並讓他們掌握不同的技術和勞動工具。

中國面臨更爲迫切的問題，是如何處理效率低落的國有企業。在這方面，中國面對的是個人激勵這個根本問題。他們試圖讓官員像私營企業家那樣；但這不會奏效，除非讓你占有高達二〇％的股份，整天擔心股市崩潰會對你產生影響，不然你不會在乎，也不會採取什麼應對措施。你的工資照拿，不管企業發展好壞，照樣拿工資。但是，當涉及你自己的財富、你的全部生計、你在公司的所有股票，你就會一天二十四小時都提心吊膽。

中國人準備接受私有化的概念嗎？他們也許已經具備要求官員商業化經營的概念，但是要用什麼來激勵官員像一名企業主那樣？除非中國經濟出現嚴重減速——這是有可能的，否則我不能確定他們在這個問題上是否決心要採取果斷的行動。

最後一點是，中國需要從出口導向經濟，轉變爲如同美國的經濟那樣，以國內消費爲導向。爲了實現這一轉變，你必須使中層和中下階層在思維上產生變化。他們已經窮困了這麼長時間，自然會將增加的財富存在銀行或藏在枕套裡，他們只會在對未來有信心時才消費。美國人消費——也借錢消費，不管對未來是否有信心。美國人有一個基本設想，即事情總會好起來的。他們的經濟就是這樣倚賴國內消費發展的。中國最終要走這條路，問題是他們怎麼實現這一轉變？

窮人即使有了錢，其舉止還會像窮人那樣。因爲你窮了那麼長時間了，害怕還會變窮，就只想著積累更多的財富，有更多的儲蓄。只有當你變得有信心了，相信經濟繁榮將繼續，意識到困守原有的生活方式是愚蠢的，才會開始花錢。他們要想使經濟持續成長，必須進入這個階段。他們沒有太多的時間了，必須在十年至二十年內完成這一轉變。

然而，財富必須更加合理地分配。由於目前消費動力只存在於沿海省市，而不是出現在更大量的農村人口和內陸居民中，因此收入的差距是阻礙國內消費的因素之一。他們如何重新分配經濟成長的成果？經濟成長必須惠及所有的人。

§

Q：從上世紀七〇年代末開始，我們看到中國發生了戲劇性的變化。你能否爲我們簡單地描述一下，按照你的觀點，導致中國經濟發生這樣不可思議變化的主要因素是什麼？

A：我認爲，首先是因爲鄧小平改變了他們的政策。中國曾是與世隔絕的國家。他來到新加坡，看到我們沒有腹地，但依靠對外貿易和投資而取得繁榮。他開發了經濟特區，使特區繁榮，接著他們又建立更多特區，也取得了繁榮。朱鎔基將中國帶入了世界貿易組織，整個國家現在已成爲一個自由投資區域。只要有廉價的勞力和技術人員，以及專業人才，他們就會是一個非常有吸引力的低成本出口基地。與此同時，隨著他們富裕了，消費也正在增加。

Q：因此在某種意義上，這是亞洲小龍故事的重現？韓國已開放了，香港開放了，新加坡也開放了。

A：不，他們的規模是如此之廣、如此之不同。亞洲四小龍可以被放進中國一個省內。他們的規模巨大，經濟開放的結果將在二十、三十或四十年內，影響整個世界的經濟。我的意思是，舉個例吧，當歐元遇到了麻煩，溫家寶去訪問歐洲，梅克爾（Angela Merkel）來到北京回訪，原因是溫家寶有三．二兆美元的儲備金，這就是經濟力量對比的格局發生了變化。我認爲，他們不會浪費這三．二兆美元，他們可能以低價購買一些歐元債券做爲投資，而不是贈品。歐洲不發生崩潰，是符合他們的利益，否則對歐出口將受到損害，但是免費贈予不符合他們的利益。

Q：由於非常迅速的經濟轉型，你認爲中國正在出現什麼問題？

A：我從兩個方面看到了他們的脆弱。一是沒有治理制度，個人不服從領導人。二是他們沒有法治，是掌權的人在統治。因此每當領導人更換，就意味著高級領導人員的若干個層面或層級將發生變化。這是造成不安定的因素。

Q：他們能夠改變這兩個弱點嗎？

A：不容易。這是這個國家的文化。共產黨願意建立一個使他們可能喪失控制國家能力的制度嗎？我不知道。我認爲還缺乏要改變這一制度的激勵因素。

Q：在今後十五至二十年的時期內，會發生迫使他們改變的事情嗎？

A：我不知道會發生什麼樣的危機。但是我認爲不會發生那種危機，即它會導致在制度管理上採用西方法治理念的解決方式。我看到他們正在建立自己解決衝突的制度。

Q：你認爲缺少法治，可能會阻礙他們保護和尊重發展智慧財產權的創新文化嗎？

A：只有當他們擁有足夠的智慧財產權需要保護時，才會予以重視並採取措施。他們尚未達到這一步，這不會鼓勵創新和專利登記。當他們具有足夠的企業精神來開創一些新專案時，這情況可能會緩慢地改變。

Q：但是隨著中國更加融入國際經濟，更多的外國公司希望和它做生意，將會迫使中國在合約、智慧財產權等方面採取法治嗎？

A：在這方面，他們有一些部門可以進行仲裁，但這只用在柵欄圍起來的部分。我認爲還未遍及整個社會。我認爲烏坎事件不會進行仲裁，它將靠武力來解決，這是我對這個問題的看法。我不認爲法治會在中國突然出現。但並不是說他們在學習西方制度之後說：我們應當如何改善我們的制度？他們在發展中遇到問題後，會通過調整制度加以改善。

Q：但是中國並不反對向西方學習。畢竟馬克思主義來自西方。

A：不、不、不，那完全是另外一個問題。而我認爲他們已不再信仰馬克思主義了。那是在他們跟隨蘇聯的那個時期，是神學般的忠誠。例如，當他們談論民主時，並不是指美國人所說的民主，或英國人的，或我們的。我的意思是民主的基本原則和眞正的考驗是：你能否通過選舉改換政府？僅此而已。他們曾研究：我們是如何保持執政地位的？我們是贏了選票。當我們失去部分選票，我們不得不爲下一輪做準備。我們也許會失去更多的席位，或者穩住席位，或者收復了那些席位。換句話說，你可以通過選票改換政府。哈洛德．拉斯基（Harold Laski）曾對這個問題做過一個經典的總結：你可以通過認可或者暴力進行革命。我認爲他們不會通過選票進行革命，也不會靠選票解決問題。

Q：在很長一段時間，戶口制度在中國成爲熱烈討論的話題。許多人要求取消。你認爲中國政府會改變戶口政策嗎？也許不會是一朝一夕就改變，但是否會在都市人口遷移的問題上逐步允許放寬，有更多靈活性？

A：他們也許會，但是，這意味著他們將把接收這些人的擔子壓在城市身上，壓在城市當局身上。除非他們獲得更多的經費，不然他們怎麼能負擔這筆開支？

Q：世界銀行最近一份報告警告說，中國經濟正朝著大幅減速的方向發展，除非它對經濟進行根本性的改變。報告強調有必要將國有企業私有化。

A：這是一個沒有效率的方式。激勵國有企業管理人員的方式是不同的。他們得到指令：努力工作提高效率。但是不管你的效率如何，你還是一樣領工資。當你擁有財產，情況就不同了。當你的全部財產面臨危險時，你就會一天二十四小時都忙於工作。他們準備這樣做嗎？在俄羅斯，他們已實行私有化，寡頭政治執政者拿走了經濟的絕大部分。其中一些人能夠有效地經營，因爲這已是他們的財產。

Q：你認爲中國也會這樣嗎？

A：你如何以合理的方式實行私有化？你將資產賣給誰？

Q：但是考慮到你所說的中國制度中存在的「關係」和「關照」，這應當符合他們的模式。

A：你就這樣給出去嗎？我認爲如果那樣的話，眞會出問題，在高層出現財產的爭奪，立即發生一場權力鬥爭。就蘇聯而言，國家崩潰了。蘇維埃社會主義共和國聯盟崩潰了，原有的聯盟解體了。當所有這些事發生時，他們陷於茫然。

Q：假如國有企業制度的效率低落對他們產生了壞的影響，結果使經濟趨緩，這是否足夠成爲他們進行改革的理由？

A：我不知道。如果經濟嚴重放緩，他們將不得不設法激發管理人員或用更具有商業頭腦的人取而代之，並給他們股份。他們要怎麼做呢？把公司交給他們的朋友以及他們黨內的同志嗎？怎麼能確保具有適當品質的人來經營公司？如果他們允許發展一批中小型企業，並產生一些企業家，那麼，這些中小型企業以後會接管那些國有企業。因爲，這些企業家是眞正靠自己上來的，他們是精明老練的，懂得如何在市場力量中運行。

Q：因此，當足夠多的小型企業擴大後，就有可能實現。

A：問題是他們無法獲得足夠的資金，資金撥給了國有企業。如果他們想要發展，就應該允許提供資金給中小企業。然後，他們會擁有一批新產生的企業家，最後由這些人接管國有企業。我認爲這是一條出路。

Q：你是否認爲他們實施的經濟體制，以及在政治上推行的方式，阻礙了一些尖端的創造力和革新？這些在我們所看到的，例如美國經濟就得到最好的發揮。

A：是的，當然是。這就是爲什麼中國不能製造出蘋果平板電腦或蘋果手機的原因。企業不是他們的，而賈伯斯擁有自己的公司。他發明，他擁有專利，他成爲一名億萬富翁。

Q：那會成爲阻礙中國發展的問題嗎？它會影響與美國直接競爭的能力嗎？

A：這始終是問題。你看看面世的每項發明，如蘋果手機、蘋果平板電腦、網際網路，爲什麼中國不能發明？不是因爲缺乏人才，而是欠缺某些東西。

Q：舉個例子，是否有可能說在美國頂級大學學習的一些中國學生，他們很聰明，回到中國後……

A：改變這個制度？

Q：至少在技術上。

A：他們回國後就被安排進入適合的中階位置，等到他們進入高層時，已經被這個制度同化了，他們會如同其上司那樣處事。這是他們存在的問題。我的意思是，如果他們允許中階管理人員去美國，回來後接管並實行不同的制度，那我想這有可能做到。但這意味著他們放棄權力，我想他們不會這樣做。這是違反他們意願的。如果這樣，他們接下來要幹什麼？

Q：鑑於這樣的慣性，這個制度能否維持高成長率？或者將如同世界銀行所說的中國經濟成長將趨緩？

A：我認爲經濟將會趨緩。當廉價勞動力資源耗盡了，他們就要放慢速度。

Q：你是否認爲，在十五至二十年內，人民幣可以成爲完全可兌換的貨幣？

A：我認爲，他們正將人民幣可兌換做爲目標。但是兌換並不意味著公平的兌換率，你可以轉換及將你的貨幣低估，以增加出口。他們會讓貨幣升值，但將是逐步的。他們總想獲得低成本出口的好處。這是一個以出口爲導向的經濟，不同於美國以國內消費爲導向的經濟。美國希望他們能轉變爲那樣的制度，我想他們最終將被迫轉變到那種制度。但是，你必須讓中層及中下階層改變思維方式，必須鼓勵他們消費，不要只存錢。我確信，國內消費最終會成爲他們經濟持續增長的唯一途徑。爲了實現這一目標，他們必須重新分配增長。因爲一些內陸省份不具備消費力，你必須讓經濟增長惠及所有的人。

Q：因此，鑑於你描述的情況，政府將不得不對其社會制度做出非常大的改變，如在獲得教育、訓練等方面。如你所說，這樣才能使經濟的成長惠及所有的人。經濟上的迫切需求將會推動社會改革嗎？

A：你可以這樣說。但是他們的考慮是，如果不這樣做，經濟將會停頓。因此，爲了不使經濟停頓，他們會這樣做。

第 2 章

美國 America

陷入困境但優勢仍在

國際勢力均衡正在發生變化。在亞洲邊緣的太平洋，美國會逐漸發覺愈來愈難以發揮其影響力，情況將不如以往。勢力格局的關鍵在於距離。中國有地理上的優勢，要在亞洲發揮影響力可謂輕而易舉。反觀遠在八千英里外的美國，那完全不可同日而語。在發揮影響力時，雙方所付出的努力、後勤方面的複雜性和成本上的差異，是相當可觀的。與中國十三億的龐大人口相比，美國僅有三億一千四百萬人，這加劇了美國的艱巨挑戰。然而，因爲美國擁有更優越的科技，勢力的轉移不會迅速實現。中國雖然也建造了航空母艦，它未必能迅速趕上美國航母所備有的核動力引擎、能運載五千兵員的技術。儘管如此，美國在距離上的劣勢是一個關鍵，它將不得不調整在本區域的姿態和政策。

歐巴馬政府在二〇一一年宣布，美國打算將戰略重心移回亞太區域。他們把這叫做太平洋戰略重心。歐巴馬總統的國務卿希拉蕊在《外交政策》雜誌上撰文時，透露這一新戰略背後的思維：「亞洲開放的市場爲美國進行投資、貿易及獲取尖端技術提供了前所未有的機遇……在戰略上，無論是通過捍衛南中國海的航行自由、應對北韓的擴散問題，還是確保該區域主要國家軍事活動的透明度，維持整個亞太區域的和平與安全對全球的發展愈來愈重要。」二〇一二年四月，爲增強亞太區的影響力，美國首批兩百名海軍陸戰隊官兵派駐澳大利亞北部城市達爾文。

許多亞洲國家對美國重申這一承諾表示歡迎。多年來，美國參與本區域事務一直是這裡的重要穩定因素之一。美國持續參與本區域的事務，將有助於保持這種穩定和安全。中國之巨大，意味著最終只有美國聯合日本與南韓，並同東協國家合作，才可以平衡它。

然而，美國能不能將一時的意願轉化爲長期的眞實承諾，還有待觀察。意願是一回事，能力和力量則又是另一回事。美國目前在澳大利亞、日本、韓國和關島都有駐軍。（菲律賓在一九九二年要求美軍離開蘇比克灣是不明智的，忽略了美國撤離後的長期後果。現在他們的立場是：「請回來。」）美國相信它在區域國家的軍事部署，能平衡中國的海軍。此外，由於這個區域的水域較淺，美國能夠跟蹤包括潛艇在內的中國船艦的行動。但是這種優勢能維持多久？一百年？不可能。五十年？不大可能。二十年？也許吧。最終出現的勢力均衡，將取決於美國未來幾十年的經濟會如何發展。發揮影響力需要有強大的經濟做後盾，才能資助軍艦、軍機和軍事基地的建設。

隨著美國與中國對太平洋的支配地位互相角力，實力難以比擬它們的亞洲國家只能作出相應調整。古希臘歷史學家修西德底斯寫了一句名言：「強者做自己想做的事，弱者聽任命運擺布。」亞洲較弱小的國家也許不會這麼任由命運擺布，它們一旦真正認爲美國在亞太區域影響力下降，就會改變其對外戰略，不得不多加關注經濟和軍事實力都在增強的中國的喜惡。但同樣重要的是，必須確保不會完全被中國主導。我不認爲中國最終有能力將美國排擠出西太平洋。

一個例子是，越南是最不樂於看見中國勢力不斷擴張的國家之一。鄧小平爲教訓越南武裝入侵柬埔寨，於一九七九年派兵攻打越南北部。他在摧毀幾個城鎮和村莊後撤兵，目的只爲了對越南發出嚴厲的警告：「我可以直搗河內，將你占領。」這個教訓越南人是不會忘記的。越南政府可能已在商討的策略，是如何開始同美國建立長期的安全關係。

對於這個勢力均衡的變化，我也感到有些遺憾。因爲我認爲美國基本上是一股溫和的力量。它向來不好侵略，對占領新領土也不感興趣。它出兵越南不是因爲想占領越南；它在朝鮮半島進行戰鬥，也不是因爲想占領北韓和南韓，開戰的原因是它當時反對共產主義，想阻止世界愈來愈受共產主義影響。如果美國沒出手干預，並在越南堅持了那麼久，其他東南亞國家抵抗共產主義的意志就會瓦解。在紅潮面前，東南亞可能就如多米諾骨牌那樣一一倒下。尼克森爲南越蓄積力量以繼續抗鬥，成功地爭取到更多時間。南越雖沒成功，但是這額外的時間足以讓東南亞組織起來，爲東協這個組織的產生奠定了基礎。

對於美國的存在，新加坡是相當自在的。我們不知道中國是否會變得更傲慢或武斷。二〇〇九年，我以英語提出了必須平衡中國的看法，但平衡一詞在中國卻被翻譯成了「制衡」，結果在中國網路世界引起軒然大波，當地網民質問我，身爲華人竟然提出這樣的觀點。他們非常敏感，即使我指出從沒說過「制衡」，他們的怒氣仍無法平息。這顯示，嶄露頭角的是一股未成熟的力量。

在不斷變化的環境中，新加坡的總體戰略是，確保即使搭上中國非凡的經濟成長列車，也不切割與世界其他國家的聯繫，尤其是美國。新加坡對美國依然重要。我們處於一個群島中心的戰略位置，而如果美國想保持在亞太區域的影響力，它就不能忽略本區域。即使我們與中國的關係日益加強，它也不能阻止我們和美國保持強韌的經濟、社會、文化和安全關係。中國知道它愈向東南亞國家施壓，就愈會把這些國家推向美國。如果中國有意像美國那樣，把新加坡當做其軍艦的停靠港，我們非常歡迎。不過，我們不會選邊站，接待一方而踢開另一方。在一段很長的時間內，我們可以繼續採取這個立場。

我們也通過語言與世界各地保持聯繫。很幸運的，過去統治新加坡的是英國，它留下的是英語。假如新加坡像越南那樣是由法國統治，我們就必須忘掉法語，再去學習英語以便和世界接軌，那肯定是個非常痛苦和艱難的轉變。新加坡於一九六五年獨立時，中華總商會的一組代表向我遊說，希望將華語選爲國語。我對他們說：「你得先把我打倒。」將近五十年過去了，歷史顯示能講英語並與世界溝通的能力，已成爲新加坡的成長故事中最爲重要的因素之一。英語是國際社會的語言，大英帝國將英語傳播到世界各地，所以當美國接手時，世界過渡到美式英語是相對順利的。對美國而言，全球有那麼多人懂得他們的語言是個巨大的優勢。

隨著中國持續崛起，新加坡或許要提升學校的華文水準，以便我們的學生日後若選擇到中國工作或做生意，具有一定的優勢。不過，華語仍會是第二語言，因爲即使中國的GDP超越美國，它也無法給我們帶來今天所享有的生活水準。中國對我們GDP的貢獻不到二〇%。維持新加坡發展，並爲我們帶來繁榮的不只是美國，也包括世界其他國家，如英國、德國、法國、荷蘭、澳大利亞等等。這些國家做生意是用英語，不是華語。未來無論什麼時候，如果我們考慮將華語定為工作語言，那將是愚蠢的。現在，就連中國人從幼稚園到大學都在瘋狂地學習英語。

最終的較量

美國並沒在逐漸式微。因爲在伊拉克和阿富汗進行拖拉又凌亂的軍事占領，以及發生嚴重的金融危機，使它的聲譽遭受了打擊。但是，具洞察力的歷史學家會指出，目前看似變弱又疲憊的美國，曾經從更爲嚴峻的局面中回彈。在人們的記憶裡，它面對過不少艱巨的考驗和挑戰：大蕭條、越南戰爭、戰後迅速崛起的工業強國日本和德國。每一次，它都能重拾意志和毅力，恢復其領先的地位。美國最終會克服困難，未來也將是如此。

美國的成功在於它活力十足的經濟，而這活力的來源是一種不可思議的能力，不僅能以更少資源去實現同等的產出，還能不斷創新，創造出很快被世界認爲有用、可取的全新商品和服務。蘋果手機、蘋果平板電腦、微軟、網際網路——這些都是在美國而非其他地方創造的。與美國相比，中國有才華的人更多，可是他們爲什麼就沒能有類似的發明？顯然的，他們缺乏美國人所擁有的火花。而這點火花，意味著美國人能夠不時想出可改變遊戲規則的新發明，使這個國家又走在前面。

即使衰退論者是對的，美國確實正在走下坡，但人們必須記住一件事，即它是一個大國，衰退需要一段很長的時間。如果新加坡是一個大國，我就不會那麼擔心我們是不是採取了錯誤的政策，因爲弊端會很慢才顯現出來。然而，我們只是個小國，一旦錯了，就會在短時間內帶來災難性後果。反觀美國，它就像一艘大油輪，不會如小艇那樣，說轉身就轉身。但我認爲衰退論者是錯的，美國衰退的可能性不大。相對於中國，它可能變得不那麼強大。它在西太平洋發揮的影響力可能會受影響，它也可能在數量和 GDP 上不敵中國，但是美國人的關鍵優勢，即它的活力不會消失。至今爲止，美國社會還是更富有創造力。事實上，美國人針對國家是否衰退正在進行辯論，這本身就是一個健康跡象，顯示他們沒驕傲自滿。

我爲什麼相信美國就長遠而言會成功？

首先，美國社會比過去任何時候的中國更具吸引力。美國每年引進成千上萬的聰明且不安於現狀的移民到那裡定居，並在各個領域中取得成功。這些移民通常更富創新精神，而且敢於冒險，否則他們就不會離鄉背井去另一個國家。移民源源不斷帶來新點子，爲美國社會帶來一種激情，一種你在中國找不到的興奮。要是少了這些移民，美國就不可能那麼成功。過去幾個世紀，美國吸引了來自歐洲的頂尖人才。今天，它吸引的是亞洲人——印度人、中國人、韓國人、日本人，甚至東南亞人。由於美國能接受這些移民，幫助他們融入，並爲他們提供平等的機會去實現美國夢，這些不斷被吸引進來的人才也反過來協助這個國家去創造新技術、新產品和新經商方法。

中國和其他國家最終得按照國情，去採用美國吸引人才的部分模式。它們將不得不四處尋找人才，以建立本身的企業。這是最終的較量。在這個時代，大國之間已不會再進行軍事較量，因爲它們知道，這麼做只會摧毀彼此。不過，經濟和技術上的競爭還是有的，在這些競賽中，人才是關鍵。

美國是一個會吸引並留住人才的社會。它已經吸收了亞洲最優秀的人才。看看美國的銀行和大學裡的印度人數量，例如花旗銀行的前首席執行官潘偉迪（Vikram Pandit）。一些新加坡人到美國深造後也選擇留在那裡。這就是爲什麼我更傾向於把獎學金得主送到英國留學，因爲我肯定他們會回來。在英國，你不會想要留下，因爲那裡不歡迎你，而且經濟較沒活力，就業機會較少。

在吸引人才方面，中國不那麼有效的原因之一是語言。比起英語，華語是一門更難掌握的語言。除非一個人從小就學習，否則講華語是非常困難的。華語是單音節的語言，每一個字都有四個或五個音調。要是你不通曉華語，溝通就成了問題，進而形成巨大的障礙。我是以個人經驗得出這個結論的。爲了學華語，我奮鬥了五十年。今天我雖然能講華語，並以中文拼音書寫，但我始終無法掌握道地的華語，而這不是願不願意嘗試的問題。即使中國在未來成爲一個占主導地位的強國，也不會改變一個基本事實：華語是一門非常難學的語言。除了華人和成爲中國問題專家的歐美人士，又有多少人去了中國，在那裡落戶、做生意?中國嘗試通過在全球設立孔子學院以推廣他們的語言，但是成效頂多只能算差強人意。人們還是去英國文化協會和美國的機構，美國政府什麼也不必做。美國曾經開設過新聞處，但這後來也關了，因爲根本沒這個必要。市場上早就有大量的出版物、電視節目和電影發揮這個功能。因此在軟實力方面，中國將無法取勝。

美國競爭力的另一來源，是有許多遍布全國各地並相互競爭的卓越中心。東岸有波士頓、紐約、華盛頓；西岸有柏克萊、舊金山；中部有芝加哥和德克薩斯州。這些中心十分多元化並會互相挑戰，不會墨守成規。德州人發現擁有豐富的石油資源後，身爲德州人的前國務卿貝克就試圖在休士頓建立一個可挑戰波士頓或紐約的中心。另一個例子是曾擔任美國駐新加坡和中國的前大使洪博培，他是我的私交。他的家族有攝護腺癌病史，他在繼承父親的財富後，就把研究攝護腺癌最優秀的科學家帶到他的家鄉猶他州，以研究這種病。

每個中心都認爲本身能媲美其他中心，它所需要的是資金和人才，而這些都是可以募集的。沒有人會認爲必須以華盛頓或紐約馬首是瞻。如果你有錢，就可以建立另一個中心。正因爲如此，美國社會有一定的多元性，其競爭精神可以不斷產生禁得起時間考驗的新思路和新產品。中國採取的當然是完全不同的另一套方式。中國人相信的是當中央強大時，中國就會繁榮。這裡有一種必須合乎習慣的態度，要求每個人都遵從於一個單一中心，要求人們不可標新立異。在這方面，就連英國和法國也無法比擬美國。在法國，所有的聰明人都進了精英學府；在英國則是牛津與劍橋。這些國家相對小、密集，因此更爲相同。

從上世紀七〇年代末到八〇年代，美國工業的領先地位被新興經濟強國日本和德國反超了，這包括電子業、鋼鐵業、石化業和汽車業。這些都是重要的製造行業，雇用很多工人，包括有工會代表的藍領工人。在一些歐洲國家，工會透過威脅將採取會造成嚴重短期損失的工業行動，去抵制勞動力市場改革。但是在美國，情況恰恰相反。企業可以做出艱難卻必要的改變，他們精簡人手、裁退員工，並透過採用包括資訊技術在內的科技去提高生產力。美國經濟因此重整旗鼓了。知名企業優化資訊技術系統的新業務成立，包括微軟、思科和甲骨文。經過一段痛苦的調整，企業能夠創造新的且待遇更好的工作。對於能在中國、印度和東歐代工的舊型工作，他們毫不留戀。他們預見的未來，是在一個不通過生產部件或汽車，而是以腦力、想像力、藝術、知識和智慧財產權去創造財富的世界。美國因此後來居上，重奪世界增長最快的發達經濟體的地位。我很欣賞美國人創業的活力。

到今天，你還是看得到這樣的情況。美國的制度更精簡，更有競爭力；美國人提出更多的專利。他們總是在努力創造新事物，或改善事情的做法。當然，這是要付出代價的。美國失業率的波動像溜溜球（yoyo）一樣大起大落，經濟不景氣時，失業率達八%至一〇%再尋常不過。如此發展的後果是，一個底層階級逐漸形成。在一片奢華、狂飲喧鬧，以及紐約市美麗商店櫥窗前，人們可以隨處看到躺在人行道上無家可歸的美國人，除了蔽體的衣物和當睡墊的紙皮，他們一無所有。一些人（包括諾貝爾經濟學獎得主保羅．克魯曼），嚴厲譴責美國社會貧富懸殊的鴻溝。

這個事態可以接受嗎？這由不得我來評論。一些宗教和慈善團體設法濟貧，包括爲失業者設立施食處。然而，你不能期望魚與熊掌兼得。要是你希望擁有如美國目前那樣的競爭力，就避免不了貧富差距的產生，以及底層階級的形成。要是你選擇的是如歐洲在二戰後那樣的福利社會，活力自然減弱。

最後，美國擁有一種頌揚勇於出去闖天下者的文化。他們如果成功了，就會被視爲優秀的企業家，受人欽佩並獲得應得的社會地位和認可。如果失敗了，就當做是很自然的中間階段，是通往終極成功的必要過程。所以他們會振作起來，重新開始。這種文化有別於英國文化。在英國這個比較靜態的社會裡，每個人都知道自己所處的身分地位。在這方面，英國深具歐洲特色。英國人有過不少偉大發明——蒸汽機、紡織機和電動馬達，他們贏過許多諾貝爾科學獎，但是他們的發明很少成功地被開發成商業專案。爲什麼會這樣呢？跨越兩個多世紀的帝國，造就了一個崇敬舊富豪和地主階級的社會，暴發戶受到鄙視。年輕聰穎的學生立志要當律師、醫師和專業人員，即那種因爲智力和動用腦筋而受人景仰的人，而不是那種苦幹和運用雙手的人。相反的，美國是一個新墾社會，沒有階級障礙，每個人都頌揚起家致富，都想發財，從而形成一股強有力的衝勁去創業生財。在美國企業裡，年輕人往往在會議上有更大的發言權，而他們洋溢的生氣會被疏導，以幫助公司變得更具創造力。

債務問題

與一些歐元區國家相比，美國的債務和赤字問題看起來相對輕微。它的處境之所以比較好，部分原因在於美元是世界儲備貨幣，這意味著美國享有比其他國家低許多的借貸成本。但由於消費方向錯誤，情況已不容它自滿。如果不採取措施改革現行制度，社會保障和醫療保險成本在三十年內將變得難以承受，這可能導致美國政府失去自由支配政府開支的自主性。如果美國領導人選擇無限期袖手旁觀，國際社會對美元的信心終將崩潰。對世界各地的觀察員而言，美國二〇一一年針對債務上限和削減赤字的政治僵局極爲駭人。美國需要馬上吞下苦藥以解決問題，但是它拒絕接受，而國會和總統對此也無法達成共識。每一方目光所及之處是下一屆選舉，而不是美國的長遠後果。

這個問題令人擔憂，但我認爲不是無法解決。雙方都知道要是沒有解決方案，整個國家的發展將受阻，甚至可能陷入衰退。因此到某個時候，情況會有所突破。

美國選民有足夠的理性去認清問題，並會透過選票要求他們的領導人，對國家財政的可持續性等重要問題，給予應有的重視。無論是現任還是未來的另一個總統，將發揮帶頭作用，而國會對美國的未來也將達成某種協定，而不只是關注政治上的得分。或許，這個情況要在美國總統步入第二個任期，不必再擔心連任問題時才會出現。不管怎樣，現階段可被視爲是個暫時的階段。到緊要關頭時，當國家利益和安全受到威脅，民主黨和共和黨會團結起來解決問題。因此，我不會太關注目前的政治爭論，這不會有長期後果。

然而，美國有其他會產生長遠後果的嚴重問題，但這些問題沒得到應有的政治辯論。他們面臨的最大挑戰之一是教育。每年有數以千計的學生湧入美國，就爲了進入當地的高等學府，因爲它們是最好的。入讀哈佛或史丹佛或普林斯頓，已經成爲世界各個角落數百萬年輕學生和家長的夢想。但是，美國需要培育的不僅僅是頂尖的科學家、學者、專業人員和實業家，它還需要不斷培育底層的人，因爲在任何經濟中，大部分工人是由中層的人才組成。有精英大學是好事，但是你不能同時在中小學產生一批批文盲或接近文盲的學生。美國教育的可能失敗之處，正體現在這一群學生之中，它忽視了基礎教育和技術教育。在一些公立學校，爲數不多的政府預算在金融危機期間進一步削減，至今仍未恢復。有人認為財政吃緊，意味著預算可能永遠無法完全恢復。削減預算的影響不會在未來一、兩個選舉週期中顯現，但對美國的競爭力卻有長遠的影響。問題的部分原因是，教育是個別州政府而非聯邦政府的責任。所以，你必須說服五十個不同的州政府振作起來，而不能直接從華盛頓指示它們。我明白美國人懷疑中央控制地方事務的歷史原因，但在教育方面，這已成了這個制度的一大缺陷。

困擾美國的問題還包括：全國性基礎設施需要提升；階級鴻溝愈來愈大；種族歧視的根深柢固；以及過分倚賴金錢、而且是如此讓人筋疲力竭的選舉過程，導致不少原本會考慮為國家服務的人才失去興趣。但與此同時，人們應記得，就如美國人往往愛誇大自己的美德，他們有時也會誇大問題。這樣電視節目才會精采，報紙也能用它來吸引更多讀者。這在政治辯論中也是一門精心磨練的技能，為了攻擊對方，你得把錯誤誇大。不熟悉這種操作的外國觀察家最初可能會覺得這很令人不安，但很快的，他們會學到如何分辨什麼是華而不實的空話、什麼是現實。

撇開空話不談，美國人從根本上相信明天會更好。這說明他們為何會傾向於消費，借貸，再消費。中國人和日本人卻總是認為隨時可能發生地震或其他災難，所以覺得有必要儲蓄以未雨綢繆。我很佩服美國社會的樂觀主義：他們樂於嘗試的生活態度；認爲只要有了相關資源，每一個問題都可以解決；以及什麼東西都可以分解、分析和重新定義。但是我可能不會想永久居住在美國。如果我是個難民，例如流亡加州的前南越總理阮高祺，我大概會選擇去英國，那裡的社會壓力較小。

我所認知的美國

我在一九六二年第一次訪問美國，那是在二戰結束後沒多久。歐洲的經濟正處於半崩潰的狀態，英國的實力在下降而中國還未振興，美國成了占據支配地位的強國。我當時遇到的美國人充滿自信，英國人已經將掌握世界權力的重任移交給他們。兩個國家都是英語系國家，所以移交過程相當順利，沒有多大的爭執，也沒有多大的裂痕。英國明白它大勢已去。美國出手將它從德國威脅中救出，它必須付出代價，這個代價就是失去帝國和土地。英國在美國的所有資產和土地不是交出去，就是變賣了以購買二手軍艦，去守衛它物資補給須途經的大西洋。因此英國意識到本身已式微這個事實，也沒去挑戰美國至高無上的地位。

現在的差別是，美國絕不會如此輕易接受中國也登上至高無上的地位。不過，美國看得出，崛起的中國是個很難圍堵的潛在對手。到二〇三五年，中國的GDP將超越美國，而且其軍事力量也足以防止美國稱霸西太平洋。這將是一個非常顯著的變化。德國當年在歐洲發動戰爭以挑戰世界秩序時，英國連同美國阻擋了它進一步前進。然而，即使在日本的幫助下，美國這次是否能同樣阻攔中國崛起？我不能肯定。日本人不會想與中國交惡，從此成為它的死敵。如果我是日本人，看到我一億三千萬人民就住在十三億中國人旁邊，我會問自己：「我為什麼要與它為敵？」而且，中國歡迎日本和韓國商人到中國進行大規模投資，在經濟上以廉價的生產要素和巨大市場吸引他們。美國可能還不必如此妥協，與中國「共生共榮」。即使日韓在經濟上依靠中國，它們也會想要維持與美國的安全關係。中美關係將是二十一世紀最重要的雙邊關係，兩大巨頭之間的和平與合作將給亞洲帶來穩定。由於兩國都擁有核武，交戰的可能性非常小。因為一旦開始有了衝突，無論在哪個層面，衝突都可能升級，而處於下風的一方為了將損失降至最低，最終必將訴諸核武，這將是末日的前兆。所以即使是很小的衝突，雙方都必須竭盡所能加以避免。美國不會停止改善其軍事技術，與此同時，它應儘量鼓勵和幫助中國融入國際社會，並在形塑國際秩序中發揮作用。這樣，中國才會認為接受它做為全球公民的義務是值得的。

在處於支配地位初期，美國人的行事作風傾向於不客氣，甚至是傲慢。英國經營帝國兩百多年，發展出一套老練、優雅的統治風格。一名曾爲英國人辦事的印度公務員對我說過，兩百名英國軍官就能控制兩億印度人，這太不可思議了。那是帝國的顛峰狀態。美國是在二戰後成爲超級強國的，擁有支配地位的時間並不長，所以在捍衛這個剛剛得到的地位時，仍顯得自負。

在某種程度上，這種自負所帶來的結果，是持續滲透美國外交政策的說教精神。在九一一之後，美國十分不明智地進入阿富汗並試圖建立一個國家，卻忽略了它過去三、四十年都不是一個國家的事實。自阿富汗末代國王穆罕默德·查希爾（Mohammed Zahir）在一九七三年被推翻後，這個地方一直處於部落不停交戰、難對付的狀態，沒有和平。你要怎麼去把這些碎片拼湊起來？這是不可能的。再推前一百多年，吉卜林在《年輕的英國士兵》這首詩中寫道：「當你負傷遺留在阿富汗平原／婦女現身將所剩下的砍碎／踏譃滾向你的步槍引爆你的大腦／去見你的上帝吧，像個士兵。」我與希拉蕊分享了這首詩，並委婉地指出，今天的阿富汗與吉卜林時代的阿富汗沒有什麼根本性的變化。即使九一一有多麼恐怖，美國出兵阿富汗還是一個錯誤。如果是我，我會對阿富汗大肆轟炸，直到它不能再成爲恐怖分子的庇護所。可是派兵進入阿富汗，你要怎麼在不損失生命和威信的情況下將兵士撤離？歐巴馬總統現在打算在二〇一四年底前將部隊撤出阿富汗。他應儘快撤兵，因爲阿富汗的問題永遠無望解決。

美國總統布希（小布希）出於一片善意出兵伊拉克。海珊（Saddam Hussein）是一個不理性的獨裁者，他的所作所爲破壞了區域乃至世界的穩定，美國有充分的理由除掉他。但是，當美國宣布希望伊拉克民主化時，我倒吸了一口氣；那是多麼傲慢自大的想法！我心想：「即使追溯到《五月花號公約》（Mayflower Compact）的年代，美國也不過只有四百年歷史，它想去改變一個擁有四千年歷史的古老社會？」布希被新保守派所提出的「民主的伊拉克是中東和平的關鍵」說法說服後，執行了出兵計畫。新保守派的立場是根據伊拉克流亡者的意見提出的。對此，伯納德·路易斯（Bernard Lewis）教授這位受人尊敬的伊斯蘭和中東問題學者表示支持。激進的民主主義分子、前蘇聯異議分子納坦·夏蘭斯基（Natan Sharansky）也聲援這個說法，他當時是以色列議會的議員。那是個嚴重的錯誤。海珊是個能夠控制國內各種迴異力量的強人，美國把他除去後，卻沒有提供或扶植能夠代替海珊的另一個強人。這是它應該做的。更糟的是，他們解散了該國的員警部隊和復興黨，而不是利用它們來建立一個新政權。

日軍在二戰占領新加坡期間，他們俘擄士兵卻讓員警和管理者繼續執行職務，因為他們知道需要這些人的聰明來治理這個地方。他們也沒有罷免英國籍水電和煤氣首長的職務。美國希望在伊拉克重新建立一個政府，並將這個古老民族民主化。前者幾乎是不可能的事，後者是根本不可能。

在這方面，中國的外交政策方針更為明智。他們不認為改變別人的制度關他們的事。制度怎麼樣，他們就怎麼樣去應對，並儘量從中獲取好處，而不把自己套牢。美國人的問題是，他們帶著相信自己有能力改變制度的想法介入，結果是一次又一次證明他們錯了；他們沒有改變世界。他們可能可以改變斐濟、瓦努阿圖這些新興且文明未深的社會，並且可以透過如基督教來征服它們。但是他們可以改變中國或印度嗎？它們可是有本身古老傳統的國家。

Q：回想你曾見過的美國總統，有哪幾位給你的印象較深？

A：我沒見過約翰．甘迺迪，據說他相當有魅力。不過後來浮現的另一種觀點是，他的政策並沒經過深思熟慮。我認爲詹森是一位強勢總統，即使陷入越南問題，他也不肯放棄。於是，他投入時間和資源，因爲他不希望被視爲懦弱。但在國內，他是一位來自德克薩斯州很好的政治家。福特是個平庸的總統，但他有很傑出的顧問，像李辛吉和其他內閣部長，所以他算是及格的。儘管他本人並不出色，他有一支很好的團隊。尼克森是一位偉大的戰略思想家，可惜他愛竊聽反對派導致下台。他給我的印象非常深，他本身就是一個思想家。我對他印象深刻是因爲他擔任總統之前來過新加坡，在與我會談的一個半小時內，他來回走動，接收並記下我的想法。爲了使說明更簡易明瞭，我對他說，有些國家就像樹，長得高大挺拔，不需要支援；有些國家則像匍匐植物，需要倚賴樹才能往上爬。幸好，他沒有把我這些話公開，但我覺得他是記下了。

§

Q：你腦海裡想的是哪些國家？

A：我會說日本、中國、韓國，甚至越南都是樹。

Q：你認為如果尼克森現在是總統，他會如何處理美中關係？

A：尼克森會與中國建立關係，不會去圍堵它。不過，他也會悄悄部署應變方案，以防中國不肯按照良好全球公民的規則行事。在這種情況下，世界各國將被迫選邊站，他會籌畫將日本、韓國、東協、印度、澳大利亞、紐西蘭和俄羅斯拉攏到美國這邊。

Q：柯林頓被視為一位有魅力的總統，你的看法呢？

A：他是個有效且高明的演說者。

Q：雷根呢？你過去對他相當推崇。

A：雷根，對，我很尊敬他。他沒有優秀的頭腦，但處事合乎情理。他總是安排能人在身邊，進而制定了良好的政策。他懂得如何挑選能人，讓他們為他工作。

Q：歐巴馬總統剛上任時，你也說他集合了一批最優秀的人才，形成一支看起來實力相當雄厚的團隊。

A：但是一些重量級人物離開了。換句話說，他們不同意他的政策。沒有一個總統是萬事通，他必須倚賴顧問。經驗豐富的顧問這樣一一離開他不是好跡象。換句話說，他們說服不了他。

Q：你對兩位布希有什麼看法？

A：老布希思想比較周到。小布希也許是受了意識型態的影響，導致美國陷入伊拉克和阿富汗戰爭，造成很大的損失。最後，他們的聲譽大受挫折，不得不離開。即使如此，我曾與一名歐洲領導人有過爭論，他說：「我們歐洲人不喜歡小布希那種自以爲在替天行道的做法。」我回應他說：「要是你的對手是一個相信自己是神的代理的狂熱分子，相信你也有上帝站在你這邊是有助於讓你安心平靜的。」小布希宣布已下令攻打巴格達時，我從沒見過一個人這麼鎮靜。他對著麥克風簡短發言後，掉頭就走，腰背直挺，沒有一絲猶豫。我心想：「這是個不錯的指揮官。」

Q：就外交政策來說，新加坡認同小布希的伊拉克戰爭。你對我們採取這樣的立場後悔嗎？

A：我們是美國的安全合作夥伴，因此可以買到其他國家買不到的武器做爲回報。我們必須支持它。

Q：如果伊朗不開始就其核計畫與國際社會合作，美國可能攻打當地的軍事目標。這個話題已經斷斷續續持續一段時間了。你認爲可能嗎？

A：如果伊朗被轟炸，中東局勢將極爲動盪，因爲沙烏地阿拉伯將向巴基斯坦購買炸彈，埃及人也會去買，而轟炸的必然結果是相互摧毀，只有理性的人能想到這樣的後果。我不清楚中東是不是有足夠有理性的人，以按捺這股衝動。事情可能會一發不可收拾，而餘波可能震及五大洲。不過，美國不太可能動武。眞正關心的是以色列人，他們才是直接受到威脅的一方，伊朗說過要對付以色列。如果美國想動武，較可能的情況是它向以色列提供武器。

Q：那只剩下卡特。

A：對於他我說得夠多了。「我的名字是吉米．卡特，我是來競選總統的。」就這樣，他當上了總統。

Q：你似乎比較看重共和黨總統，這是不是一種巧合？

A：可能是因爲他們比較注重外交政策。不是因爲他們是共和黨人，而是因爲他們對大國在外交政策上應扮演什麼角色比較有意識。

Q：你提到美國能夠吸引移民是它保持全球競爭力的原因之一。但是，移民也帶來一些不安。例如，拉丁裔人口占總人口的比率顯著增加，這可能會改變美國社會的本質。

A：是的。現在的問題是，在文化上，你要把西班牙裔盎格魯薩克遜化，還是他們把你拉美化。如果他們在一起群居，這對美國是眞正的考驗。

Q：隨著中國經濟實力日漸增強，東南亞國家會不會面對一種危險，即過度依靠中國經濟，使得中國只要威脅要與我們斷交，我們就會痛苦得不得不有求必應？我的意思是，就如現在台灣經濟對中國的倚賴，它已無望宣布獨立。

A：情況不完全一樣。台灣是一個情感、民族的問題。它是中國的一部分，是一個先後讓荷蘭、葡萄牙和日本占據的一個省。他們一直認爲這是國恥，因此想要收復。然而，我們與他們之間沒有歷史糾葛，他們沒理由想要控制我們。

Q：雖然這麼說，我們面臨過度依靠中國經濟的危險嗎？

A：你必須做出選擇。正如我所說，我不預見新加坡得靠中國經濟生存。如果我們只會講華語，就不會有今天的新加坡。即使中國再強大十倍又有何不同？它會使我們強大十倍嗎？不會。我們的繁榮是因爲與全世界接軌。

Q：但那是過去。

A：未來也是一樣。我們不是海南島，我們不是別無選擇的香港。距離、身分認同使得他們別無選擇。我們是處在一個十分多元化的群島中心，擁有豐富的天然資源，世界會到這裡來的。

Q：要是他們在某個時候對美國在這裡的物流樞紐提出反對呢？

A：不，他們怎麼可能這麼對我們說？這太粗魯了。如果他們要求停止這裡的物流基地，我們的答案會是：「這裡的物流基地也歡迎你使用，請把裝備儲放在這裡。」

Q：所以我們會同時接待中國和美國？

A：何樂而不爲？

第 3 章
歐洲 Europe

衰退與分歧

歐元的根本問題是，如果財政尚未整合，就不可能實行貨幣一體化，尤其是當一個地區同時有德國與希臘這種消費和節儉習慣如此迥異的國家。這樣的不協調最終將破壞整個制度。因此，歐元注定會困難重重，滅亡早已存於其基因。歐元過去幾年的問題，不應被看做是因爲一、兩個國家政府做不到量入爲出，或者是其他國家未能提醒它們入不敷出的危險。也就是說，歐元的困境並非只要幾個相關國家在實行過程中，做出不同且更負責任的決定，就可以避開的一起歷史事件。相反的，這歷史的必然性只是在等待著發生。即使問題沒有在二〇一〇年或二〇一一年達到白熱化，它遲早還是會在某個年份，因爲其他情況而再度瀕臨危急關頭。

所以我不相信可以挽救歐元，至少不會是在現有十七個國家都還在一起的情況下。

自歐元計畫開展以來，思維清晰又備受尊重的經濟學家，如哈佛大學馬丁·費爾德斯坦教授，就對它內在的矛盾敲響警鐘。英國沒有加入，因爲他們不認爲這行得通。對於歐元的好處，他們不是很信服；而對於歐元的危險，他們則有充分的認識。雖然那些政府以及選舉它們的人民在一九九九年加入歐元區時，都熱切盼望單一貨幣的到來，但是他們並未準備接受財政政策上的整合，因爲那顯然表示將喪失主權。他們最終還是選擇了推行歐元，這折射出一種錯誤的信念，以爲歐洲比較特殊，可以克服矛盾。那是一個政治決定。

在美國，一種貨幣可以在五十個州使用，是因爲它有一個聯邦準備理事會（Federal Reserve）和一個財政部長。一個州一旦出現經濟困難，中央可以透過對該州人民的社會支出以及展開政府專案，對它實行慷慨的財政轉移。聯邦政府從那個州徵收的稅款，是不足以支付聯邦政府撥給它的支出的。如果有人記帳，該州的財政多年來可能處於赤字狀態，但正是因爲沒人在記帳，所以這個情況可以持續。其他州的美國人把那個州的州民當做同胞，所以並不要求他們償還這筆錢。實際上，那是一份禮物。

當然，另一個極端也能行得通，也就是歐元體制前的歐洲。每個國家有本身的財政部長並自行管理本國貨幣。按照此制度，當一個國家經濟放緩時，因爲不受制於一個共同貨幣，它可以推行因應的貨幣政策。這些措施，包括美國人稱之爲「量化寬鬆」的擴大貨幣供應量，以及讓貨幣貶值，使該國的出口更具吸引力。但是，在歐元區國家加入一個貨幣共同體後，等於是放棄使用這些工具。而它們在形成貨幣共同體後，也沒有確立某種機制（不論是類型還是數量），可以實現相當於美國不景氣的州能夠接收的預算轉移。

所以，當一群雜牌軍嘗試聽命於同一個鼓手時，結果是什麼？這就是歐元區面臨的情況：有些國家迅速發展，其他國家掙扎跟上。在經濟上落隊的國家，即使政府稅收減少，在選舉壓力下還是被迫保持甚至增加公共開支。預算赤字必須通過在貨幣市場舉債來融資填補。由於貸款貨幣是歐元，而非比方說德拉克馬（Drachma，希臘在二〇〇二年之前的貨幣單位），借貸的利率相對較低，因此揮霍浪費的情況繼續下去。希臘最終成爲這種衰退的最極端例子，赤字愈滾愈大。說句公道話，整個歐洲貨幣聯盟必須承擔一定的責任。按照《穩定暨成長協定》（Stability and Growth Pact）規定，歐元區國家政府如果連續出現財政赤字，須受到一定的制裁，但實際上這些制裁從沒有實施於任何一個國家。

過去一段時間，始終保持樂觀的專家還希望這些國家的政府能透過削減福利項目、改革稅收制度、放寬勞動力市場規則，或延後民眾退休的措施，來拉近與較強的國家如德國的競爭力差距。但這些都沒有發生。直到二〇〇八年的全球金融危機，情況終於開始急轉直下。寬鬆的信貸枯竭了，對於像希臘政府的信譽，市場的信心開始下滑，導致其借貸利率飆升。德國和歐洲央行被迫干預，提供緊急援助，以阻止債務危機向整個已垂頭喪氣的歐元區蔓延。

截至二〇一三年六月，在撥出足夠的錢之後，歐元區總算是避開了災難。不過，十七國政府必須面對一個更棘手的問題，即它們要怎麼解決沒有整合財政下貨幣一體化這個歐元計畫的根本矛盾。它們可能暫時不去碰這個問題，但是它們明白不可能無限期拖延下去，否則歷史會重演，另一場危機會到來，緊急援助的資金將更龐大，到了緊要關頭，德國可能得負擔這些費用。與其拖延，倒不如迅速採取行動，尤其是拖得愈久，選民對債務危機的痛苦和恐慌記憶會漸漸消失，而果斷採取行動的政治意願也會隨著減弱。

不幸的是，當前沒有一個選項是容易的。最明顯的解決方案是讓歐洲人接受財政政策的整合，讓歐洲央行變成另一個聯邦準備理事會，由一名財政部長監督全體歐元區國家的預算，而不設個別財長。這將使歐元區邁向歐盟支持者口中「前所未有的緊密聯盟」，使歐元區看起來更像美國。這種情況會發生嗎？選民願意把本國制定預算的重要權力交給一個中央機關，並相信它所做出的稅收和支出決定將對各國公平，同時有利於做爲一個整體的歐元區嗎？這個可能性非常小，老實說，我不認爲這會發生。但如果眞發生了，總的來說，這大概是對世界最好的結果。

比較可能卻不太理想的結局是歐元區解體，讓各國回歸本身的貨幣。對所有相關者來說，這將是痛苦和混亂的。假設你是個希臘人、葡萄牙人或西班牙人，你以歐元借錢，現在必須以歐元償還貸款，但以什麼匯率償還呢？加盟前的舊利率？還是一些任意設定的新匯率？解體過程將是混亂而且代價高昂的。在解體之前，銀行很可能面對擠兌的風險，謠言驅使一般民衆由於擔心積蓄在一夜之間可能被強制換成一種新的貨幣，而且幣值可能大大不如歐元，進而促使他們湧向銀行以歐元提取存款。私人投資也會因爲情況不明朗而減少；這也是爲何拖拉是不利的另一個原因。對於歐元區以外的國家，特別是大量出口至歐洲的國家，包括中國，這也將意味著不小的經濟混亂。雖然過了一段受干擾的時間，貿易最終會恢復，事情會安頓下來，但是全球經濟在短期內很可能會放緩。

在介於徹底解體和完全整合之間，還有第三個結局，就是局部解體。這個結局的情況就有很多種可能，從歐元幾乎完好無損，只有一、兩個國家被逐出；到多數國家受這樣那樣的影響，可能一些得獨立運行，其他的選擇加入兩、三個新共同體，即專家所謂的兩個層次或三個層次的歐洲。而每一個層次會以不同的速度發展。一個關鍵的問題就是，會不會有一個經濟競爭力相對接近的歐洲核心，足以抵抗巨大的離心力，不讓核心散掉。我相信會有一個，這個核心的領導者顯然是國民最勤奮的德國，但也包括比利時、荷蘭和盧森堡。我不認爲法國會變得像德國那樣有紀律，它比較可能成爲第二層次的核心。

有些人可能會爭辯說，歐元區乃至廣義上的歐盟應該被看做是成功的，因爲和平確實實現了，現在爆發戰爭是難以理解的。但是人們也可以輕易爭辯說，促成和平的是別有因素。蘇聯解體的後果意味著在可預見的未來，俄羅斯不會再關注在軍事上與西方爭雄，因爲它的精力都很恰當地集中在經濟發展上，未來也會是如此。此外，美國透過北大西洋公約組織的形式所提供的安全保障，已將任何可能發動自其他非北約國家的軍事行動，變成不切實際。在歐盟內，德國在兩次世界大戰中都戰敗，它永遠也不會想要再開戰。德國人覺得已經夠了，只想繼續過他們安靜、舒適的生活。因爲這樣，他們一直在盡力遷就他人。

後世最終會將歐元的記載視爲可悲的。無論是誰想爲這個貨幣一體化計畫挽回一些政治功績，都不得不面對冰冷、殘酷的事實。

就在歐洲試圖理清單一貨幣的相關問題之際，這個大陸也不得不關注它相對缺乏活力的根本原因——福利社會和僵化的勞動力市場法律。這些政策在當初構思時看似好主意，接著在二戰後於整個歐洲陸續出場，但是在過去幾十年，這些政策已變得愈來愈難以為繼，尤其是隨著亞洲發展中經濟體一一抬頭。歐洲人如果想避免持續懶散，並恢復曾經聞名一時的活力和勤奮，就必須展開大刀闊斧並帶著痛苦的改革，簡化其複雜的福利制度，放寬公司雇用和解雇員工的法規。

§

身為一名在戰爭結束後到英國留學的學生，我記得曾敬佩艾德禮（Clement Attlee）政府在早期嘗試為每個人提供慷慨的一輩子福利的做法。例如，我配了一副新眼鏡後發現不必付錢，對此我感到驚喜，原來費用全由國家醫療保健服務給包了。我心想，這是一個多麼文明的社會啊！我當時還不明白這種全面供應的方式，對造成效率低下和懶散的潛在作用。但後來，我是了解了。

艾德禮政府的出發點完全是善意的。在經歷兩次幾乎摧毀一切的世界大戰後，歐洲的政府和人民想要的是一種寧靜安閒的生活，有什麼負擔都由大家平均分擔。

除了精英分子，那些在戰爭中以鮮血付出代價的，更多是無產階級者。社會對底層人民有一種強烈的虧欠心理。所以，當政治人物提出要公平，要社會福利政策來照顧失業者、病患和老人時，很輕易地就一呼百應。

多年來，歐洲在負擔這些政策方面沒什麼問題。馬歇爾計畫透過刺激歐洲從滿目瘡痍的戰爭中強勁復甦，幫助大多數西歐國家重新站立起來。工人的工資上漲，他們所支付的稅賦足以支撐國家福利。但是，沒有任何事情是一成不變的。對歐洲來說，世局改變了。隨著世界變得愈來愈全球化，歐洲的低技術工人發現他們不僅與自己人競爭，也同日本，然後是同中國和印度的工人在競爭。出口因對手的價格更低廉而受到影響，企業則逐漸將生產中心轉移到亞洲。歐洲工人的工資自然也下降。要是沒有中國、印度和日本，福利社會這個制度可能在相當長的一段時間內仍可行。但是一旦這些國家登場了，福利制度很快就變得不可持續了。

當然，歐洲人是盡力朝提供更高價值的商品與服務的方向發展，然而一個國家在這方面能做的有限。你或許希望往上攀升，但是一大部分的人口未必能跟著行動，因爲這涉及學習新技能，而這需要時間、精力，以及更重要的，意志。何況，日本人、中國人和印度人也有能力自我提升。這是一場不斷自我完善的無休止較量，就任何特定的年份而言，你比競爭對手獲得的進步通常是微不足道的。較量的結果最終取決於一國人民的先天素質，以及國家的組織和治理方式。如果與歐洲對陣的是斐濟或東加，那麼後兩者或許眞的無望趕上。然而，我們在這裡談的是歐洲面對日本、中國或是印度，這又是另一回事了。

全球情況容易改變，不幸的是，法律和政策卻很難。應得的利益一旦給出去了就幾乎無法收回。任何政府要是有膽量嘗試，人民會通過選票給予它重重的懲罰。英國柴契爾夫人用盡她所有的政治才智和資本去設法扭轉政策，結果她只成功了一半。其他歐洲領導人肯定也看到了她所取得的部分成功，但是他們所面對的選民，顯然沒打算放棄多年來已被視爲理所當然的東西。在許多歐洲國家，這已成爲根深盤踞的問題。

如果福利開支停滯在一個水準，問題或許還可以受到控制。可是，這類開支向來會隨著時間而增加，不只是絕對數額，它占國家總收入的比重也會上升。原因之一是民粹主義者會施壓要求擴大現有計劃。不過，就如瑞典資深新聞工作者烏爾夫·尼爾森所觀察的，更重要的原因也許是福利制度有一種神祕的力量能「自我產生需求」。他在二〇〇七年一篇有深刻見解的文章中寫道：「福利會催生客戶，工傷保險會帶來受傷，難民政策會引來難民；允許人們在退休年齡前退休會造成人們提前退休。」換言之，這些歐洲國家一些理性的公民，無論是自覺還是不自覺的，最終會設法戰勝這個制度。據說某些情況是，有些人一邊領取的失業救濟金可多達他們最後支取薪金的四分之三，但另一邊又同時在非正規經濟領域中從事兼職工作。這樣他們領的是兩份收入，而由納稅人承擔損失。

根據經濟合作暨發展組織（OECD）統計，截至二〇〇七年，OECD歐洲成員國的政府社會支出，平均占國內生產毛額的二三％以上。在一些國家，這個數字顯然更高——義大利二五％、法國二八％。相比之下，OECD的非歐洲成員國在社會支出方面，平均只有GDP的一七％。美國和澳大利亞的比率則爲一六％。

不過，福利社會最壞的影響，不在於其僵化或難以爲繼的本質，而是它削弱人們努力奮鬥的動力。如果社會保障體系的設計，是不管一個人努力工作還是優閒過活都能得到同樣的好處，那他爲什麼還要努力？他根本沒有向前走的推動力。美國人自力更生的態度比較普遍，因爲就算失業者獲得了援助，也有措施確保他們會積極甚至被強迫找工作。那是一套不同的理念，其基本原則是工作將使個人和社會更好，而支撐這套原則的信念是，過度慷慨的福利往往會削弱並在無意中抑制人們奮鬥的動力。歐洲模式造就了一個習慣於津貼的階層，因此他們缺乏強烈的工作熱情。

除此之外，歐洲對於不必要的嚴格勞動力市場規定也沒打算讓步，包括管制公司裁員、最低年假等。目前的新經濟格局愈來愈講究靈活，它偏在這個時候更加固執己見。法國及周邊國家的工會和社會主義政黨，還在儘量延續那個神話，即在經濟不受太大影響的情況下，工人可繼續擁有過去的福利。當地學生也要求享有和父母一樣的安穩工作權利，換言之，他們要求的是世界為他們停止轉動。他們沒有意識到的是，這些措施最終傷害的是勞動階級本身。因裁員而受罰的企業理性地做出反應：儘管經濟成長苗頭再現，它們雇用員工時更加地謹慎。工作是有，只是去了別的地方。

統計資料證實了這一點。在二〇〇八年，以過去十年平均失業率計算，十大勞工法最自由的 OECD 國家當中，八個同時躋身失業率最低的前十名。相對的，十個勞工法最嚴苛的國家當中，七個登上了十大高失業率排行榜。

但是，現在你要怎麼去改變這些政策？工會走上巴黎的街頭遊行，怎樣都不相信全球的競爭力量已經使得雇用法國工人不再合算，從而必須要他們放棄額外福利。他們會說：「不，我們要保留這些福利，然後再設法競爭。」

我從一開始就確保新加坡不會沿著這條福利和勞工法的路線發展。見過英國人在上世紀五〇年代如何實施一些政策，我肯定那將通往毀滅。我們不允許工會危及國家競爭力，而是透過勞、資、政這個基於非對抗性談判的三方關係，去與工會建立關係。我們終止所有免費配藥的做法，確保收費慢慢貼近現實。我們提供的是資產，不是津貼。政府協助你買房子，並填補你的中央公積金（Central Provident Fund）[1]戶頭。你可以選擇花完這筆錢，但是當你退休而身無分文時，你得自己面對後果。相反的，如果你不亂花這筆錢，讓它增值並賺取利息，長期而言，你將獲益。換句話說，每個人必須負起各自生活的責任，政府會從旁提供一些協助。我相信，要是採用了歐洲制度，我們的經濟將失去不少活力，並因此付出沉重的代價。

在歐洲前方的是苦日子。由於獨特的歷史情況，歐洲人選擇了福利和勞工保護的發展道路。誰都不能否認，比起美國，歐洲人的這種選擇造就了一個比較溫和的社會，底層階級比較少，成功者和失敗者之間的差距也較小。然而這是有代價的。

1. 中央公積金是新加坡以個人戶頭為基礎的退休基金。

如果他們放棄這些政策，他們的GDP大概每年會多出一%至三%的成長。在一段時間內，許多歐洲人的生活仍將舒適，因爲他們在年頭好的時候積累了儲備。但不管他們是否樂意，他們在戰後爲自己創造的舒適和受到百般呵護的世界，最終會被外部力量弄垮。屆時，他們就得協商一個新的社會契約。

§

與歐洲大陸的許多國家相比，一組情況不同的北歐國家在面對一些問題時，受到的打擊較輕。在我看來，對於這些斯堪地納維亞國家應該做完全獨立的分析，因爲它們自成一格。

主張福利制度行得通的人往往會舉瑞典、挪威和丹麥爲例子，儘管這些國家廣泛的社會安全網開支都由政府支付，資源浪費的情況並不普遍。因此他們的結論是：舉法國、義大利和西班牙爲失敗的例子，只是反對福利主義者提出的擋箭牌。

對於這樣的論點，第一個反駁是，有證據顯示，即使是北歐國家也無法完全避開社會主義政策的代價。例如，瑞典於二〇一一年的失業率爲七．五%，比義大利的八・四%低不了多少，卻遠遠高於亞洲的先進經濟體如日本（四・六%）、韓國（三・四%）和新加坡（二%）。

話雖如此，人們應該承認北歐國家在成長方面的表現，確實明顯優於其歐洲鄰國。從二〇〇二年至二〇一一年，義大利和法國的人均國內生產總值（以美元計算）年均成長率分別是五・三%和六・一%，丹麥成長了六・四%、瑞典七・三%、挪威八・九%[2]。而且，它們是在同時保持高度社會支出的情況下，實現這樣的經濟成長。這個現象需要進一步解釋。

首先值得注意的是，相較於法國、義大利和西班牙，瑞典、挪威和丹麥都是相當小的國家。這三個北歐國家的人口總和大約只有法、義、西三國總人口的十分之一。挪威人口有五百萬，比新加坡還少。因此，無論是問題的規模、利益的多元還是治理的複雜，北歐國家的情況非常不一樣。

不過，比規模更重要的是人口的組成，這是了解北歐例外論的關鍵。瑞典、挪威和丹麥的民族都相對單一，這使它們擁有一種歐洲其他地方不可能有的內部凝聚

---

2. 根據國際貨幣基金會統計。

力，其人民有更加強烈的一體性和團結意識。三個國家中的任何一個都視自己爲一個部族，部族成員願意爲同族人受苦。人們願意勤奮工作，不只是爲自己，也爲感覺上近乎親戚的部族成員，而不是爲了一群來自世界陌生地區的遊手好閒之徒。因此，即使面對福利社會爲平衡預算而必須徵收重稅的情況，只要其他條件不變，富裕的企業大亨和個別高收入者，也不太可能離棄這個部族社會，儘管他們隨時能夠這麼做。而且，他們都是社會上最有能力爲自己和他人創造財富和機會的頂尖人才。如果是一家人，對於繳稅去幫助那些不那麼富有的人，你就不會持有那麼強烈的懷疑態度。但是，如果你周圍有大量的外國人，而法律規定在發放福利時不得有歧視，你的態度就會改變。

我在上世紀七〇年代訪問了挪威，那裡幾乎是個全白的社會。這個美麗的國家有著令人歎爲觀止的山峰和冰川，景色迷人，十分寒冷但很安寧，我能感受到這個國家的團結。在這樣一個國度，不僅是那些有工作的人願意繳交更高的稅，那些沒工作的人也不太可能濫用福利制度，因爲他們對社區有一種歸屬感。也就是說，即使是靠政府救濟的人也比較不懶散。

在過去幾年，這一切都已經慢慢改變。因爲北歐國家對收留難民和受迫害者採取了寬鬆的政策。瑞典每年收留的難民多達兩千名，大部分來自非洲國家。目前，那裡有八萬多個難民。難民大量湧入會如何改變瑞典人的公有社會主義觀仍然有待觀察，但是如果按照其他國家的情況來看，這個人口變化的結果，遲早會改變他們對於慷慨援助低收入群體的看法。就種族而言，目前的北歐比起歐洲其他地方還是相對單一得多。

當今歐洲的社會風貌，與我在二戰剛結束後到那裡留學的情況很不一樣。我當年在倫敦求租房間時，得根據廣告致電房東約看房間。我在電話中對他們說：「我姓李，但我是華人。如果你的房間不想出租給華人，請跟我說，這樣我就不必白跑一趟。」李是一個相當普遍的英文姓氏，我想一開始先說清楚免得有不必要的誤會。果然，有些房東禮貌地勸我不必下去了。當時的英國社會就是這樣，仍以白人爲主，非白人在許多方面都受到歧視。

由於生育率下降和勞動力需求，歐洲國家這些年來接納了亞洲、中東、非洲和東歐的移民。移民舒緩了經濟和人口的壓力，但也產生不同的問題。

德國至少有兩百五十萬人是土耳其後裔。人數之多，在德國人之間引發了強烈反應，極端的當地人出於種族動機犯下的罪行時有所聞，令人擔憂。在法國，一些大城市周圍（尤其是巴黎）突然形成由少數種族主導的郊區，也讓政府頭痛不已。因爲覺得被邊緣化，這些地區的居民不時製造騷亂。二〇〇五年的一場騷亂就出現失控的情況，全國近九千輛車被人縱火，當局不得不宣布長達兩個月的緊急狀態。就連少數種族的大學畢業生都感覺到被邊緣化和受到歧視。官方資料顯示，在法國國民中，非洲裔大學畢業生的失業率，比法國裔畢業生高出三倍。

到過英國任何一個主要城市的人都會覺得，英國的種族愈來愈多元化了。不過，由於華族社群比較不求聞達，並被視爲最不會亂添麻煩，當地社會對華族的焦慮已逐漸轉移到其他種族。在第一代華族移民當中，許多成了餐館老闆，他們的子女則成了專業人員。今天較受關注的是印度人、巴基斯坦人和孟加拉人，他們往往愛在某些鄰里群居，沒融入當地社會，一些學校甚至完全被這些少數種族占據。

種族問題因爲宗教因素變得更加複雜。許多移民正好是回教徒（穆斯林），近年來，他們要求建造有尖塔的回教堂（清眞寺）的呼聲愈來愈大。這樣的建築除了會對傳統歐洲建築景觀造成視覺衝擊，也會加深當地人擔心本身習以爲常的文化和社區，正逐漸被麻煩的外來者改變的恐懼。如果這些移民是基督教徒，問題可能不會那麼複雜。不管多數歐洲人現在還去不去教堂，歐洲做爲一個以基督教爲主要宗教的社會，當外來移民多數是回教徒時，分歧自然會出現。

歐洲人不如美國人那樣歡迎移民，他們尚未成功融合原有的移民。美國基本上是一個移民社會，所以更容易接受新來者；其清教徒祖先移民其實不過是約四百年前才抵達。許多移民攀上了美國社會頂層，例如台灣出生的企業家、網路公司雅虎的聯合創辦人楊致遠。歐洲則是由古老成熟的國家組成，對自身的文學、文化和悠久歷史深感自豪。

過去兩、三年，歐洲領導人包括卡麥隆、薩科齊和梅克爾，分別在各自國家宣布多元文化主義已經失敗。換句話說，落戶德國的土耳其人未能成爲德國人、遷居法國的阿爾及利亞人和突尼斯人也未變成法國人。歐洲日益認爲這些人難以融入社會。雖然宗教、文化和語言都各有影響，種族還是抗拒融合的根本原因。然而，歐洲也沒辦法停止接受移民，因爲他們能滿足其國內迫切的需要。因此，我們很可能看到的一個局面是：只要情況允許，歐洲各國政府都會讓移民進來，只有在選舉期間，當極右政黨通過激憤的言辭力壓溫和派對手時，才會踩煞車。無論怎麼看，他們陷進的都是一個無可奈何的兩難境地。

歐洲從兩次世界大戰的破壞中崛起，啓動歐洲一體化進程的想法似乎理所當然。怎麼說，這都是一個擁有許多共同事物的大陸國家。他們都經歷過文藝復興和啓蒙運動，進而形成一種對自我和世界的思考相似的歐洲文化。基督教是他們的主要宗教，回溯更久遠的歷史，這些國家從羅馬帝國的時代繼承了同樣的文化遺產，使他們在社會組織方面有一定的一致性。可是，儘管有這麼多共通之處，在二十世紀浮上檯面的卻是他們的分歧和隔閡。他們因而走進一場殘酷、自相殘殺又曠日持久的戰爭，導致大量的人死亡。此後，融合成了歐洲領導人的核心任務。融合代表了最可能實現持久和平的希望，是各國以共通性爲基礎，拋開彼此的分歧，並將它們國家的命運捆綁在一起的最明顯方式。這能確保以後再也不必因爲有人認爲的自作孽，而遭受如此可怕的後果。

確定這是重要任務後，他們著手建立必要的機制。一九五一年，他們簽訂了《巴黎條約》，成立歐洲聯盟的前身——歐洲煤鋼共同體。一九五七年，他們就建立共同市場、共同農業與運輸政策的《羅馬條約》的提議達成協議。冷戰結束後，共同體演變成了歐盟，並擴大至包括二十七個成員國。其中的十七個採納了歐元做爲統一貨幣。

除了和平，融合還具有其他巨大潛力。一個在意義上整合的歐洲將擁有更大的經濟影響力，更重要的是，它在國際事務上可以有更大的發言權。簡單地說，這是一個更強大的歐洲。如果歐洲人進一步加強融合的努力，接受一個財政部長，甚至一個外交部長和一個國防部長，其硬實力的提升將是巨大的。看看美利堅合衆國的人民，他們基本上是遷居至另一個大陸的歐洲人，放棄了不同的語言和對原來部族的忠誠。如果歐洲的融合達到相同的程度，成了歐洲合衆國，美國人所能做到的，他們也能做到。做爲一個實體，歐洲的人口比美國人口（五億對三億一千萬）還多，經濟規模也比美國大六分之一。這樣的歐洲在角逐世界領先超級強國的競賽中，肯定有獲勝的希望。

可惜，所有的跡象都指向歐洲不可能完全融合。歐洲國家迄今未能成功讓單一貨幣行得通，要進一步發展到單一外交政策或單一軍隊的可能性更小。歐洲國家有各自可追溯到好多個世紀前的歷史，每個國家對自身的傳統深感自豪。尤有甚者，它們都想保留本身的語言，因爲語言背後有著榮耀和文學。美國決定重新開始，而創建了新文學，但歐洲卻無法這樣做。儘管英語在其他國家已是第二語言，歐洲大陸國家永遠也不會接受它做爲唯一的工作語言。

那麼，歐洲在世界占著什麼位置呢？它在國際舞台上將只是次要的演員。面對美國、中國和未來也可能成爲大國的印度，歐洲終將淪爲配角。大部分歐洲國家將理當如此地被視爲普通的小國。儘管德國因爲在大屠殺期間殺害了六百萬猶太人而仍然充滿內疚，所以不希望當出頭鳥，但基於其人口和經濟成就，德國可能還是可以獨自發揮影響力。英國也因爲與美國有特殊的跨大西洋關係，而將保有一定的影響。

除此之外，在與美國、中國和印度同桌而坐的格局中，歐洲難以指望能有什麼作爲。一些歐洲領導人可能不願意承認這一點，畢竟他們仍懷有自尊自大的歷史感，而且長久以來在國際事務的賽局中，他們也確實相當有經驗。但無論如何，這都是四千萬、五千萬或八千萬人口的國家在與十三億人的中國及十二億人的印度較量。一個分化的歐洲是更容易應付的，對中國來說，更是如此。中國只需要處理與個別國家、而非一組國家的關係。每一個歐洲國家對中國的倚賴，一定比中國倚賴它們更甚。隨著中國經濟逐漸轉爲由國內消費驅動，情況更將如此。

然而，歐洲的國際發言權減弱，並不會造成其生活水準出現同等程度的下降。如果它能承受歐元終結的衝擊，就可以回到過去。儘管歐洲在國際事務上失聲，這個大陸上的國家所擁有的高水準教育和技能，仍足以讓歐洲人過上好生活。個別國家將有些衰退，但會根據自身的競爭力水準達到一個穩定的狀態。歐洲人的生活還是能夠過得很開心的。

§

我是帶著感傷而非嘲笑去寫關於歐洲無可避免的式微。我不想貶低歐洲，歐洲人是非常文明的民族。沒錯，他們曾是殖民者——法國人、比利時人、英國人和西班牙人，但是法國透過其文明教化使命，將文明傳授給了非洲人。就整體來說，英國也將制度留給了它的殖民地，包括新加坡。我們有法治，有法規，有英語，這些都幫助了我們成長，而我們也沒糊塗到要去改變這些制度。英國的制度本來就行之有效，我所做的只是確保不去顛覆，而是強化這些制度。

與這形成鮮明對比的，是在剛果留下爛攤子的比利時人。他們到那裡開採原材料，但是到了該離開的時候，他們任由剛果深陷部落之間的戰爭。這個國家至今還未脫困。在幾內亞，戴高樂則是對深具影響力的解放運動先驅艾哈邁德．塞古．杜爾（Ahmed Sékou Touré）氣憤得咬牙切齒，所以才在臨走前下令把所有的電線和電話線扯掉。因爲這樣，幾內亞迄今仍處於困境。法國並不是如此對待所有殖民地，他們會這樣對幾內亞，是因爲杜爾侮弄了法國政府。杜爾也因此繼承了一個無法運轉，而他又始終無力糾正的制度。

這些事情是重要的。如果英國留給我的新加坡是如法國或比利時那樣的狀況，我不確定我有能力將新加坡建設成今天的樣子。英國人離開時不失風度，末任總督顧德（Bill Goode）將總統府主樓完好無缺地移交出來，一切都井然有序。他拉著我，爲我一一介紹管家之後才離開。之後，他去了北婆羅洲一會兒，然後退休了。對於英國的制度及其具風度的離開，我們應該心懷感激。

§

Q：你如何看待個別歐洲國家的發展？例如，德國在過去十年做得非常好。

A：是的，因爲他們量入爲出，而且工人技術水準高。世界一些最好的機器是他們生產的，包括最好的汽車——賓士、福斯、寶馬、保時捷。德國會繼續發展得不錯，因爲他們的社會本質是如此。他們幾乎征服了整個歐洲，他們有衝勁也準備隨時組織起來。要不是有邱吉爾和美國人，要不是它愚蠢地去攻打蘇聯，希特勒已經征服歐洲，所有人都在說德語了。

Q：你認爲二十年後的英國會更有活力還是更沒有活力？

A：它將是不好不壞。英國曾經建立一個大帝國，二戰後因爲美國人而被迫放棄。在失去印度、巴基斯坦和孟加拉之後，其餘的已不重要了。要是你看看澳大利亞、紐西蘭和加拿大這些曾經效忠共和聯邦的成員的態度，共和聯邦現在對它們來說已經無關緊要了。在它們眼中，重要的是美國、北約，以及太平洋地區相當於北約的非正式組織。它們靠攏的是下一個強國，一個它們自認在文化和地緣政治上擁有共通性的國家。

Q：假設歐洲沒成功地融合成一體，而中國發展得可稱霸亞洲，歐洲對於東南亞包括新加坡，會不會變得愈來愈無關緊要？

A：已經有人以漫畫方式將歐洲諷刺爲博物館了。不過，我認爲那裡是一個非常文明的地方，如果你問我週末想在哪裡度假，我會說法國。爲什麼？因爲你在那裡可以過一種十分優雅的生活。即使法國人給不了你可媲美德國那樣的生活水準，他們還是能讓你過上好生活。我在歐洲時，週末喜歡去景色迷人的法國郊野。法國每個城市大亨都有一個葡萄園，由底下還有一個工人的鄉紳農夫看管著。葡萄園獲得歐盟共同農業政策補貼。那是一種令人非常享受的生活：食物好、環境好，飯後還可午睡。今天的法國已不再追求榮耀。我不認爲德國有這樣的生活。不過，每個國家的個性和特徵都是經過幾個世紀才形成的。

Q：歐洲是如何創建這樣一種美好生活的？

A：它們比中國，比其他國家更早工業化，並且統治了世界的其他國家。英國有大英帝國，法國有法蘭西帝國。比利時這個人口少於五百萬的小國，擁有礦產資源豐富的非洲大國剛果，並肆意開採礦產。後來，非殖民化浪潮來了，它們威風不再。帝國時代這種歐洲主宰世界的方式已不復存在，至少不會再以同樣的形式出現。它可能會以其他形式重現，例如在經濟上，中國在世界某些地區可能占據主導地位，但這不是眞正的殖民統治。

Q：俄羅斯能在一個分裂的歐洲發揮更大的作用嗎？

A：我不這麼認爲。俄羅斯自認是個大國，有九個時區，疆土廣袤、資源豐富。過去，蘇聯是一個安全威脅，但今日的俄羅斯要保持強國地位會有困難。它的人口下降，經濟倚賴石油和天然氣，也沒發展出眞正的社會經濟。人們酗酒、婦女不多生育，都折射出一種普遍的悲觀情緒。

Q：債務危機之後，有歐洲領導人認爲，歐洲問題的解決方案之一在於緊縮政策。但是在一些國家，民衆通過選舉將鼓吹緊縮政策的領導人拉下台，例如法國，薩科齊在二〇一二年尋求連任失敗了。

A：在民主體制中，反對緊縮措施是一種自然反應。有人站起來宣稱：「我們不必緊縮。」選民決定給他一個機會。那好吧，讓我們看看他們是不是眞的不必勒緊褲帶。如果他們眞的不必這麼做，那選民就做對了選擇，一切都會好起來，而薩科齊就是無知的。但如果他們必須勒緊褲帶，那問題來了，他們又回到原點。

Q：你認爲他們需要緊縮措施嗎？

A：如果不是深信有這個必要，理智的法國和德國領導人怎麼會堅持帶著一項不受歡迎的措施去選舉？法國選擇了改變，德國卻沒有，德國人十分支持梅克爾。我不認爲法國的歐蘭德（Francois Hollande）總統能夠改變梅克爾的想法。法國人只是取易捨難。

Q：一些專家，尤其是來自美國的，認爲在危機時刻採取緊縮政策是最不可取的解決方案。他們認爲儘管從長遠來看，緊縮政策或許有必要，但在短期內推動增長才能刺激經濟。你怎麼看？

A：在這兩種方案之間，與總是樂觀地以爲明天會更好的美國人相比，我相信歐洲人更清楚自己的問題。

Q：你認爲他們應該信守基本上由德國促成的協議嗎？這就是歐洲國家的出路嗎？

A：那是最好的出路。梅克爾和德國人不傻。因爲自律，他們是歐洲最成功的國家。

Q：他們這樣做不是爲了德國自身的利益？

A：不是，他們希望法國和其他歐元區國家成功，因爲他們希望歐元成功。

Q：我們再來看看社會課題，在鼓勵生育政策方面，歐洲有什麼是新加坡可以借鏡的嗎？

A：要改變生活方式哪有這麼容易！瑞典每個家庭幾乎都有兩個孩子，這是因爲他們是一個民族單一的社群，並有相關的支援政策——幼兒護理、幼稚園和直到成年的各種好處。他們能做到這一點，因爲他們認爲他們都是同一個部族，願意爲彼此犧牲。你要怎麼複製這些？法國在一定程度上是做到了。

Q：對於斯堪地納維亞國家，你提出了「一個部族」理論，即因爲他們基因相似，所以凝聚力強並支援福利政策。你認爲這個理論適用於日本和中國這兩個種族也相對單一的國家嗎？

A：日本人，可以。這就是爲什麼他們不歡迎移民。但是中國人就不行。中國不是一個單一部族的國家，而是有許許多多個民族。沒錯，他們都講同一種語言，用同一種文字，但是全國各地南腔北調，沒有一個中央政府可以在整個王朝執行統一政策。這就是爲什麼在各省各縣，人們會說天高皇帝遠。在各個省份，他們可以說：「在這裡，我就是皇帝。」這是一個幅員遼闊的國家，不同省份的態度非常不同。

Q：與你在上世紀四〇年代的情況比較，歐洲今天深層的種族緊張關係是否不一樣？

A：這很難說，因爲我不住在那裡。（榮譽國務資政）吳作棟的女兒嫁給了一名英國人，住在布拉德福德附近。他有去看望長得更像白人的孫子。他告訴我，他們與鄰居相處得很好。但那是因爲他們是中產階級。

Q：隨著中國崛起，這情況在未來會改變嗎？

A：我不認爲會改變。這跟中國崛起沒有關係。日本戰前是一個強國，但這並沒有改變歐洲人對它的看法。歐洲人認爲自己高人一等，就如中國人也相信自己高人一等。所以大家扯平了。

Q：歐洲移民不融入社會的問題之一是國內滋生恐怖主義。我們看到了這方面的一些例子……

A：不，這跟融合沒有關係。他們就是恐怖分子。即使融入了，他們還是會成爲恐怖分子，因爲他們是通過網路自我激進化的。

Q：關於針對移民的強烈反應，以及極右政黨在歐洲政治中崛起，你會擔憂嗎？這可能促成一個不友好又分化的歐洲。

A：這些裂痕早就存在，現在只不過是加劇。即使移民只占社會的五％或六％，裂痕也會存在。你看，世界可以劃分成幾個種族：白種人、黃種人、黑種人、棕種人；你只能在同種人之間交往融合。例如，如果一個中國人娶了日本人或越南人，他們的孩子可以被看做是中國人、越南人或日本人。

Q：在你過去五十年見過的所有歐洲領導人中，誰給你的印象最深？

A：這不好說。從歷史上看，邱吉爾是鶴立雞群的，他是一位偉大的領袖。英國在德國面前幾乎毫無勝算的時候，要不是他頂住了壓力，堅持頑抗，世界的發展會很不同。他的態度是反抗到底的。「我們將在海灘作戰，我們將在敵人的登陸點作戰，我們將在田野和街頭作戰，我們將在山區作戰。我們絕不投降。」他這場演講有些口齒不清，但是他堅定不移的信念感染了英國人民。法國人沒有這樣的領袖，所以屈服了。貝當元帥從退休被召回出任法國總理，最終選擇了成立維琪政權。在那段歷史中，邱吉爾完全是獨一無二的。沒有他和英國皇家空軍，英國早被德國空軍打垮了，是他灌注給空軍機師的精神拯救了英國。然後日本人襲擊珍珠港，把美國人推進戰爭。這算他運氣好，但是他靠自己也撐了一年。

第 4 章
日本、韓國和印度
Japan
South Korea
India

日本

走向平庸

日本眼前最嚴峻的挑戰是人口問題。它的人口正在迅速老化，生育率也達不到人口替代水準。其他如經濟停滯不前及政治領導班底虛弱等問題，相比之下是小巫見大巫。日本若不解決人口問題，前景將非常黯淡。

擺在眼前的，是發人深省的數據。日本女性的生育率爲一．三九，遠低於二．一的人口替代水準。一九五〇年，日本每名年長者由十名勞動者供養，隨著生育率下降，這個數字近年來卻減少至二．八人。這樣的趨勢預計還會持續——到了二〇二二年，將進一步減少到兩人，二〇六〇年則可能降至一．三人。屆時，日本的年輕工人或許就再也無法承受負擔而選擇離開。日本人口在戰後的六十五年間，從七千兩百萬人增至一億兩千八百萬人，卻在過去三年不斷下降，目前爲一億兩千七百五十萬人，隨之而來的必定是經濟萎縮。這樣的情況確實難以爲繼。

在文化上，日本女性多年來接受在家庭和社會所指定的角色。她們相當樂意在家中生兒育女、侍奉長輩以及管理家務事。然而，當她們有機會到國外旅遊、同世界各地的人接觸，並體驗到工作所帶來的自由和經濟獨立的好處後，態度便有了徹底的轉變且不可逆轉。例如，新加坡航空公司的一些日籍女職員就嫁給了新加坡籍空中服務員。她們因此看到新加坡女性是如何生活——無須和公公婆婆同住，也不會被丈夫呼來喝去。日本社會盡其所能阻擋改變的浪潮，讓女性在經濟上繼續倚賴男性，但並不成功。日本女性在一、兩代人的時間內摒棄了在舊社會所扮演的角色。她們經過一番盤算，認爲已不值得再恪守成規。她們不想被孩子拖累，有許多人因此選擇單身，另有一些人選擇結婚而不生育。更無助的是，相當多的日本雇主也不願與時並進。這些日本公司非但不像瑞典雇主那樣想辦法讓女職員兼顧孩子和事業，反而將離職生產的女雇員調降爲臨時員工。這麼一來，對於那些有抱負、有前途，又或者想要擁有與職業相稱的全職收入的女性來說，生兒育女的代價太大了。即使她們當中有許多人想生育，也沒有勇氣跨出這一步。

新加坡也面對低生育率問題，情況和日本沒什麼不同。但這其中有一個關鍵的差別：新加坡引進移民，稍微減緩了這個問題，而日本卻對接納外國移民極爲抗拒。由於保持種族純潔性的觀念是那麼根深柢固，日本人從未嘗試公開討論其他選擇。無論是對日本公衆還是政治精英而言，一個多元種族的日本都無法想像。

我也親眼見證過日本人對其種族的純潔性是何等自豪。日本占領新加坡時，我曾在國泰大廈做過一段時間的英文編輯。日本人每逢十二月八日就會舉行一種儀式，由一名士兵邊揮舞一把武士刀，邊以日語說：「我們日本人是天照大神的子孫。」換句話說：我們是而你們不是。我想他們如今已不常把這句話掛在嘴邊，但我不認爲這個基本信念會改變。有一名在美國出生和受教育的日本文官喬治·竹村，並未得到同僚完全的信任。他在日治時期的「報導部」（即日本人的新聞或宣傳部）任職，專門管理像我這類處理外電的編輯，爲人溫文爾雅。

恪守這樣的信念將帶來嚴重的後果。這意味著，讓日本走出人口老化困境最合理的解決方案，可能自動被排除。比方說，假如我是日本人，我會嘗試吸引外表和日本人相似的民族移民到日本來，並儘量讓他們融入社會，包括中國人、韓國人，甚至越南人。實際上，日本已經有這樣的群體，在那裡居住的韓國人有五十六萬六千人，華人則有六十八萬七千人。他們能說一口純正的日語，在生活習慣和言行舉止上也已完全被同化了，並渴望入籍成爲日本公民。他們當中有許多人都是在日本土生土長，不過，日本社會並沒有接受他們。

要徹底了解這種狹隘思想的極端性，我們可把視線轉向另一個不被日本社會接受的群體：來自拉丁美洲、並擁有純日本人血統的日僑。數以萬計主要來自巴西的日僑自上世紀八〇年代開始，趁日本政府放寬移民政策時回歸，並期望自己能成爲解決日本人口老化難題的答案。他們的祖父母或曾祖父母在上世紀二〇年代移民到巴西，到那裡需要大量勞動力的咖啡種植園尋找工作機會。他們則走上與祖先相反的道路，漂洋過海回到祖父母或曾祖父母所離開的家鄉。只是，這個試驗失敗了。由於這些日僑是在一個全然不同的環境下長大，因此和一直在日本生活的血緣親屬有著強烈的文化疏離感。他們被視爲外國人。日本政府最終在二〇〇九年經濟危機達到顛峰時，爲失業日僑提供一筆安置費，讓他們回到巴西生活。若換作是另一個對外國人持有不同態度的社會，這個試驗或許會成功。日本政府在推行這項政策之前，也必定相信它有成功的可能，只不過連政府也高估了日本社會的容忍度。

外國人比率目前占日本常住人口不到一．二%，低於英國的六%、德國的八%和西班牙的一〇%。鑒於日本社會的單一性，一些因爲父母在海外工作而從小在外地生活的年輕日本人，即便是上過日本人學校，回國後也感到難以適應。日本人在日常生活中多用非言語的溝通方式，迫使他人必須靠觀察身體語言和喉音來揣摩他們的本意。要讓這樣的國家考慮以吸引移民來解決人口問題，還需要很多年的努力，也需要人們徹底改變態度。我懷疑日本還能有多少年的時間，去面對這個人口問題。如果日本人再把問題擱置十至十五年才來解決，到時恐怕已是在走下坡路，回天乏術了。

日本已經歷了兩個「失落的十年」，眼前又進入第三個。一九六〇年至一九九〇年間，日本GDP的年均成長爲六．二%。日本人民從戰後的廢墟中重新振作起來，在美國人的幫助下，刻苦耐勞把國家建立成世界第二大經濟體。當日本商人在西方國家積極搶購房地產時，有分析師一度驚慌警告，日本企業大集團將在經濟放緩的發達世界稱雄。這和今天一些人對中國的看法沒有什麼不同。然而，日本的資產泡沫在一九九一年破裂，經濟從此長期陷入低迷。日本GDP的年均成長自一九九一年以後便只有微不足道的一%。在我落筆之際，日本又迎來了第三個令人沮喪的十年。除非日本能儘快採取果斷行動解決人口問題，否則無論政治或經濟政策如何改變，都無法讓它恢復一絲戰後的活力。

一個國家的人口結構決定了人民的命運。人口萎縮意味著國家的力量正在減弱。年長者不會想要換掉他們的汽車和電視機；他們不會購買新的西裝或高爾夫球桿；他們已擁有所需要的一切，並幾乎不到高級餐館用餐。爲此，我對日本的未來感到十分悲觀。不出十年，它的國內消費就會開始下降，而這個趨勢或許無法逆轉。這也部分說明，爲何日本政府在反覆推出經濟刺激配套後，仍沒有見到太大的效果。以全球的發明專利申請計算，日本如今依舊是繼美國之後發明最多的國家。然而，新發明來自年輕一代而非年長一代。就拿數學領域來說，一個人會在大約二十或二十一歲時達到顛峰。沒有一個偉大的數學家在過了這個年紀以後，還能取得更了不起的突破。

二〇一二年五月，我到日本參加一項題爲「亞洲的未來」的國際會議。這項會議由日本經濟新聞社主辦。由於想了解一些日本領導人對人口問題的眞實想法，我在和他們交談時刻意將問題問得婉轉一些。我沒有問：「你們會不會接納移民？」而是問：「你們有何解決方案？」對此，他們的答案是：「更多的托兒津貼和嬰兒津貼。」這讓人感到失望。嬰兒津貼並不足以扭轉局勢。政府爲鼓勵人民多生育的激勵措施往往作用有限，因爲這不是錢、而是生活方式和志向改變的問題。即使是一些看到成效的國家，例如法國或瑞典，這個過程始終是緩慢而代價高昂的。

日本人是了不起的民族。當日本東北部在二〇一一年三月十一日發生大地震時，日本人的反應讓全世界的人感到佩服——他們在經歷地震災難後沒有恐慌、沒有掠奪，在滿目瘡痍中不失優雅和尊嚴，並互相關懷和幫助。我們鮮少見到一個社會在經歷了這樣的浩劫後，還能如此冷靜、自律和有秩序。此外，日本人在做每一件事時，無論是生產毫無瑕疵的電視機和汽車，還是製作最美味的壽司，都力求完美，這種精神也無可比擬。日本勞動力所展現的團隊精神，也讓他們比其他國家更占優勢。若論個人能力，韓國人和中國人或與日本人旗鼓相當，但說到團隊精神，日本人則是舉世無雙。或許是日本人這些了不起的特質，讓我一度相信他們在看清事情的嚴重性後，就會從人口問題的迷思中覺醒。畢竟，一個國家如何能眼巴巴看著鄰國愈發強大而自己不斷衰弱，卻還坐視不理？

然而，我不再相信日本人必然會及時反應過來。隨著一年又一年過去，他們始終毫無動靜。較有可能的是，這個國家正在走向平庸。誠然，處於中產階級的日本人在此後的許多年，仍然能過著舒適的生活。和西方已開發國家不同的是，日本並沒有累積巨額外債。它也走在科技的尖端，而人民的教育水準也高。但日本人終究無法逃避他們必須正視的問題。假如我是一個年輕的日本人，又懂得說英語，我大概會選擇移民。

Q：我們看到局勢正在快速變化。不久之前，日本還處於迅速崛起之勢。你對如今的事態發展感到意外嗎？

A：我沒有預料到會是這樣，然而生活方式改變了。

Q：你曾經說過，當日本人到了絕境的時候，做爲一個民族，就會有所反應。基於文化的影響，他們會奮起反擊。你爲何就不認爲他們能克服人口問題？

A：你說的是他們對抗外人時的情況。在這個問題上，他們是在和自己人對抗。他們的女性和男性都得改變態度，才能提高生育率。但日本女性的生活方式已經改變，不再甘心只當父母、公公婆婆、丈夫和孩子的侍奉者。她們已群起反抗。

Q：這是否也表示，政治領導在解決這個問題方面表現失敗？比方說，新加坡也面對類似的問題，但這裡的領導人會嘗試在這方面給予指引，並說服、提醒和勸告新加坡人。

A：或許是文化不同的緣故，他們不公開討論這些事情。即使他們這麼做，我想日本人的想法也不會改變。

Q：那麼，這是政治領導人想要行動但知道人民不願意的問題嗎？還是政治領導本身也同意人民的想法？

A：政治領導也是人民的一部分。如果整個社會處於一種委靡不振的狀態，其領導人也無法施展什麼魄力。日本人知道自己處於這樣的狀況，卻無動於衷，一副鬆散的樣子。

Q：但日本人向來不是這樣鬆散的。

A：遺憾的是，他們在這個問題上確實表現得如此。

Q：那麼，你也不認爲一名英明領導的出現，能爲日本帶來轉機？

A：不。

Q：但你也同意日本不穩定的政治格局確實於事無補。你對這種不穩定性有何解釋？

A：日本政治領導權在各派系領導人之間輪替。日本國會中有不同政黨所領導的派系以及他們的議員。手下的議員愈多，就愈有可能登上首相的寶座。我不曉得他們會不會轉而投靠別的陣營。或許他們會爲了謀得政治職位而這麼做。但無論如何，這會造成不穩定，並無法讓任何日本領導人有影響政策的機會。

Q：或許日本人對人口問題是這樣想的：是的，人口會萎縮，經濟會走下坡，但如果能保持平均國民所得和生活水準，我們就不會有事。

A：不。老化的人口無法維持平均國民所得。能讓經濟不斷發展的是年輕人，而他們缺乏年輕人。

Q：一個勢力減弱的日本，會對地緣政治造成什麼樣的影響？尤其是考慮到中國正在崛起。

A：中國的崛起對日本人而言是太大的問題，就算他們生育更多孩子，人口還在成長，也於事無補。他們無法抵抗中國，也絕對不能再像上世紀三〇年代那樣，試圖大舉侵占中國，還險些得逞。他們需要美國給予安全保障。日本人自己是無法壓垮或阻擋中國人的。但假如他們和美國人聯手，則能這麼做。日本會繼續和美國保持這樣的同盟關係，但它會是勢力較弱的盟友，也是一個較小、實力正在衰退的盟友。

Q：那麼，日本人會緊握美國人的友誼之手？

A：這是他們最好的選擇。但與此同時，他們仍會到中國投資，和中國人交朋友，從中獲得一些商機。

Q：沖繩對日本人而言是一個難題。美國人把大多數的軍隊派駐那裡，但沖繩的老百姓覺得，要他們爲整個日本的安全背負這樣的包袱是不公平的。你認爲美國人最終會被迫離開嗎？若是如此，這將對日本的安全造成什麼樣的影響？

A：我無法預測日本人最終是否會支持沖繩人民的看法，將美國人送走，但這並不符合日本的利益。倘若他們這麼做，美軍將撤退到關島和中途島，而這些島嶼離日本很遠。

Q：你認爲二十年後的日美同盟會是什麼樣的情況？

A：這得看到時美國經濟的情況。如果美國到時已無法負擔這樣的同盟關係，那它將逐漸淡化。若是這樣，日本就得向中國低頭，成爲其附庸國。

Q：附庸國？

A：唔，它無法對抗中國，必須聽中國的話。假如日本船隻和中國船隻在日本人所稱的尖閣諸島、即中國人所稱的釣魚島相撞，日本船隻會撤退。

Q：你認爲日本自衛隊會走向軍事正常化嗎？

A：假如美國在這個區域的影響減弱，日本或許會以建立防禦性核武力量做爲最後手段。

Q：而這將助它對抗中國？

A：不是對抗，而是自衛。它如何對抗中國？三枚核彈就能將日本徹底炸毀。然而三枚核彈不能將中國徹底毀滅。

Q：北京會阻止日本走向軍事正常化或發展核武嗎？

A：它如何阻止？日本有權武裝自己。中國能夠做的是進一步增加自己的軍備。

Q：中日關係一直受另一個問題所困擾——那就是第二次世界大戰的記憶。這個問題會久久得不到解決嗎？

A：日本人曾侵占中國，並占領了它所有主要城市。若不是美國人恫言禁運石油，他們或許已併吞整個中國。倘若如此，我也不知道他們能堅持多久，因爲他們必定會深陷游擊戰的泥沼。中國人沒有忘記這件事。

Q：日本人堅持他們已多次道歉。

A：他們是道歉了，但他們也同時繼續參拜供奉戰犯的靖國神社。

Q：你曾經轉述一名日本領導人所說的話，指美國人和越南人交戰後，過了一段時間又能握手言和。但日本人與中國人打完仗後，過了一百年也無法言歸於好。

A：這場仗打了很久，從一九三一年就開始了。

Q：你對此有何解釋？

A：這是因爲中國是一個非常大的國家，而一個比它小很多的國家居然想將它併吞。由於當時的中國被軍閥搞得四分五裂，因此日本險些就成功了。

Q：所以，兩國的人民之間積怨很深。

A：我不會這麼說。兩國之間的貿易成長十分引人注目。日本人在中國投資；中國也力邀日本投資，以得到其技術。中國提供了一個廉價的生產基地。但二戰問題是時不時可用來激起愛國情緒的工具。

Q：新加坡和東南亞應該希望這兩個國家的關係改善、兩大經濟體更緊密地聯繫在一起嗎？

A：是的，這兩個國家的繁榮，對我們來說是有利的。

北韓

一場莫大的騙局

我從未到過北韓，也從沒有要到那裡的強烈願望。那是一個極不尋常的國家。即便是在中國，人民也享有某些基本權利；但在北韓，人民備受壓制，並與世隔絕。如果說金日成家族（簡稱金氏家族）是在搞個人崇拜，或許是把話說得太輕了。在那些已被迷惑的北韓人心目中，他們幾乎和神有著同樣的地位。北韓人對金氏家族充滿敬畏，卻不知自己活在一場莫大的騙局之中。那些結實剛毅、昂首闊步前進的男女，都是這場大型演出的一部分。北韓自稱是社會主義的人間天堂，事實上它是全世界治理得最差的國家之一，就連讓人民溫飽的基本要求，也無法達到。

他們如何能在這即時通訊盛行的年代繼續掩人耳目，這本身也相當不尋常。他們沒有蘋果手機或衛星電視，要不然也無法瞞天過海。一些北韓人最終離開，並發現外面的世界——尤其南韓是如此進步，而自己的國家又是那麼落後。不過，這些人屬於少數。他們由於實在無法忍受眼前的生活，決定鋌而走險，嘗試逃到中國或南韓。其中一些人成功，但也有很多人失敗了。那些成功逃脫的人都知道自己是九死一生。他們冒著生命的危險，乘著木船在海上漂流，又或者冒著被邊境守衛逮住的風險，徒步越過邊界。當有一天大部分的北韓人都意識到，是眼前的政權讓國家停留在黑暗時代，這個政權也就會開始走向滅亡。

遺憾的是，就算北韓政權想嘗試改革，大概也爲時已晚。他們已到了不能回頭的地步。中國人帶著北韓領導人走訪上海、廣州和深圳，試圖遊說他們逐漸做出改變，並嘗試讓他們相信，是有辦法在不喪失權力的情況下做到這一點的。但北韓與中國的情況截然不同。北韓靠的是人民對領導人狂熱的崇拜。一旦人民崇拜的物件垮台——而這是向世界和自由市場開放的必然結果——國家也就會跟著崩潰。北韓人民會從深陷數十年的騙局之中覺醒過來，並意識到自己被金氏家族矇騙，以致深信北韓人是世界上最偉大的民族，這是何等愚蠢的一件事。他們將會看到一個富裕繁榮的南韓。因此對目前的政權而言，開放是萬萬行不通的。

讓事情更加複雜的是，這也牽涉到北韓領導人的生命安全和自由。這是因爲，他們過去曾經下令在海外犯下許多罪行，其中包括暗殺政治人物、在安達曼海域上空炸毀客機，以及綁架包括日本人在內的外國人。雖然有一些領導人已經逝世，但那些還活著的很可能得爲這些罪行負上法律責任，因爲這類行動若不是他們直接命令執行，也要有他們的准許才能展開。

在可預見的未來，北韓半島的形勢估計將保持不變，因爲眼前並沒有什麼改變現有均勢的強烈動力。關注北韓問題的各方，包括中國和美國，幾乎都不希望看到戰爭爆發或和平統一的情況出現——至少在短時間內。這其中的風險太大了。

北韓不希望重蹈覆轍，再像一九五〇年那樣向南韓宣戰。他們深知自己不可能打敗美國，而後者會基於戰略原因集結一切所需兵力保護南韓。但即使沒有美國介入，北韓也無法戰勝南韓。北韓雖然推行全面軍事優先政策，但南韓有著絕對的經濟優勢。若相信打仗時軍備勝過一切，就是犯了日本人在第二次世界大戰所犯的錯誤。日本人以爲自己能夠摧毀美國艦隊，在戰爭中取得決定性的優勢。但美國的工業產能足以讓它再建一支新的艦隊，甚至更多。因此，他們沒用多長時間又重新站了起來，對日本展開反擊。到頭來，決定國家實力的是工業產能，而不是軍艦和槍砲的多寡。你若光有軍備，卻沒有強大的經濟基礎做爲後盾，即便你能爲戰爭做更好的準備，也未必能持久戰鬥下去。北韓人並不愚笨，他們深知這一點。

近年來，北韓肆意展開軍事行動，不僅擊沉南韓天安號軍艦，還砲擊延坪島，共有四十八名韓國人在這兩起事件中喪生。這種挑釁行爲，就像北韓的核武政策一樣，反映它慣於採取邊緣政策的作風。但我相信，儘管北韓人的舉動看似愚蠢和毫無意義，他們還是知道有一條不可逾越的底線。更有可能的是，他們會小心衡量自己的行動，而不至於招來嚴厲的報復，並在這麼做的當兒，在國內取得最大的利益。或許就如一些分析師所指出，這是加強領導權繼承人金正恩軍事與政治威信一種較方便的方式。

相同的，南韓人也不想看到雙方驟然統一。由於南韓首都首爾在北韓的火砲射程之內，因此戰爭對他們來說非常冒險。所以，即便南韓或許能打贏這場仗，其首都也可能在戰爭中被摧毀，而南韓有約五分之一的人居住在這裡。可是，南韓人也未必樂見和平統一。儘管統一是他們的長期願望和最終目標，南韓人卻認定和平統一——假如雙方協議這麼做——的經濟代價會大得令人咋舌，因此他們寧可暫時將它緩一緩。北韓爲南韓帶來的問題，將比東德爲西德帶來的嚴重兩、三倍。這是因爲北韓比東德的情況糟糕得多。而値得注意的是，德國至今仍未擺脫統一所帶來的影響。說「讓我們重歸統一」是一回事，要說「我們會數十年如一日地接濟你們，直到你們也和我們擁有同樣的生活水準」，則又是另一回事。南韓人會更希望看到北韓逐漸向世界開放，並在隔了一段較長的時間，或許是改革開放數十年後，才同北韓統一。

最後，曾在上世紀五〇年代於韓戰中交手的兩大強國中國和美國，也不會對北韓半島的現狀感到不滿，不然對它們來說，情況可能更糟。美國人剛從伊拉克和阿富汗兩場勞民傷財的戰爭抽身，無心戀戰。雖然沒有人會質疑他們保護南韓的決心，但他們必定希望局勢長期保持平靜。

中國則不希望看到南、北韓通過戰爭或以和平方式實現統一。中國人把北韓視爲緩衝國。統一的南、北韓將受南韓所控制，而美軍將有可能獲准前往位於中韓邊境的鴨綠江。中國人極不願意看到美軍在自家門前徘徊，而這正是促使他們當年介入韓戰的原因。即使美國人同意在南、北韓統一後撤出北韓半島——而這是一個很大的未知數——中國仍然不會將統一視爲好消息。他們爲何要看到鄰國出現強大的、統一的韓國？按常理說，鄰國內部分裂，自己豈不更加安心？

因此，眼前的情況並非不穩定。各方都會非常、非常謹慎地行動。南、北韓問題在未來十到二十年或許仍會存在，並幾乎沒有什麼改變。北韓政權遲早垮台，因爲他們的制度終究難以持續。然而，金氏家族會竭力拖延不讓這一天到來，因此這或許會是很久以後的事。當北韓老百姓能較自由地與外界聯繫時，局勢就會有新的突破。

此時，北韓執意發展核武，對國際社會造成威脅。在這件事上，唯有中國能對北韓發揮影響力，然而他們也沒能說服北韓放棄核武計畫。北韓政權認爲，擁有核武器對其生存至關重要。他們不完全信任中國人，因爲他們看到中國人在需要南韓的科技和投資時，是如何積極地與對方接觸。北韓或許願意把核武器封存，在遇到緊急情況時才啓動。前提當然是他們繼續要求國際援助時，能及時獲得。但要他們完全放棄核武則是免談。當我嘗試站在北韓人的立場思考這件事情時，我得出以下的結論：中國人會對我施壓，但我倒下對他們並沒有好處。那我爲何要聽中國人的話？利比亞的遭遇必定讓他們確信，堅持不放棄核武才是上策。利比亞的格達費（Gaddafi）向西方低頭，放棄了核武，結果在國內爆發叛亂時，無法阻止法國和美國介入支持叛亂分子。格達費在二〇一一年十月遭叛亂分子處決。他的下場一定讓金氏家族的成員不寒而慄。

在北韓舉棋不定之際，南韓將繼續沿著其成長道路前進。南韓向來表現不俗，而這樣的表現還能維持許多年。它向世界、尤其是中國開放，充分利用這個巨大鄰國在市場和勞動力資源方面所提供的優勢。我在幾年前走訪南韓時，遇到的南韓商人幾乎個個都在中國做生意。南韓人也是中國最大的外國學生群體。他們學習中國人的語言，為將來建立重要的關係。南韓人願意協助譜寫本世紀最引人注目的發展故事，而這將為他們的經濟帶來強大的推動力。

南韓所生產的一些產品，包括發光二極體螢幕，全球最好。像三星、樂喜金星（LG）以及現代等南韓財閥，都能與世界上最成功的跨國企業分庭抗禮，而研究和開發新技術也是它們的長處。對一個擁有五千萬人口的新興經濟體來說，這樣的成就是非常了不起的。

韓國人是該區域最強悍的民族之一。這是因為，當年蒙古大軍四處征戰時，就止步於此。他們在渡海侵略日本時遇到阻礙，當中有許多人索性在這裡定居。因此，韓國人擁有中亞最驍勇善戰者的血統。他們是頑強的民族。如今，我們還能在某種程度上看到他們這樣的特質。此外，他們的人民教育水準高、刻苦勤奮，並注重考試。他們將能保持著這樣的高素質。

然而，過去的成就不能擔保將來也成功。南韓需要克服社會內的一些障礙，才能繼續發展。

首先，他們必須密切留意人口的總體趨勢。南韓的生育率也相當低，但它比日本更願意接納外國人，而這就形成了明顯的優勢。南韓人必須不斷想辦法塡補嬰兒短缺，確保國家長期不斷向上發展。

再者，南韓人若對國家的發展方向擁有較大的共識，而不是比其他社會更常陷入內部紛爭，那對未來更有幫助。例如，各政黨針對財閥所應扮演的角色，以及政府是否應更約束它們以重新分配財富的爭論，已迫使一些企業考慮將更多業務遷至海外。這些爭執將耗損南韓社會的精力和資源。南韓人若能團結地說：「讓我們一同攻下全球市場」，韓國就會更加富強。

§

Q：你認爲東北亞會出現核武競賽嗎？

A：北韓或許已擁有核武。因此，現在只待南韓也發展核武了，而我相信它是有能力這麼做的。倘若美國的經濟走下坡，無法再在亞洲部署軍力，它就會這麼做。因爲美國如果出現這種情況，它屆時將無法保障南韓和日本的安全。

Q：那日本也會成爲核武俱樂部的一分子？

A：我想日本將會是最後一個發展核武的國家，因為廣島和長崎的經歷讓日本更清楚其後果，這並不只是關係到被炸死的人，還有那些存活下來，卻因血癌及其他疾病而死的人。因此，日本民眾對核武相當反感。

Q：但假如日本和南韓都擁有核武，東北亞局勢不就變得更安全嗎？倘若它們都擁有核武，它們就不能向彼此宣戰。

A：這得看情況。有關核武的理論有好幾種。若你能一舉殲滅敵人，那麼敵人的核武就沒什麼作用，除非敵人先發制人。但若首輪攻擊不能徹底擊垮敵人，而對方還能還手，那麼確保同歸於盡的威脅就相當可信。

Q：因此你不認為北韓半島在未來幾十年內會有戰爭爆發？

A：我想不會。這對誰都沒有好處。

Q：對北韓領導人來說，利比亞的情況可做為前車之鑑。那緬甸是否也有什麼能讓他們借鏡的？緬甸政權也同樣改變了。

A：緬甸的將領覺得自己正在原地踏步。他們能看到泰國人所取得的進展，並認定不可以再這麼繼續下去，否則遲早會垮台。但北韓人和緬甸人不同，他們有不同的文化。那些裹著紗籠、戴著頭飾的緬甸將領，怎麼看都沒那麼冷酷和剛毅。這是一個全然不同的民族。

Q：南韓對北韓政策在金大中的陽光政策之後就起了很大的變化。相反的，李明博總統對北韓採取強硬的態度。你認爲這是明智的做法嗎？

A：金大中的政策並不奏效。如果管用，這個政策就會繼續推行，但它僅僅是讓北韓占了便宜。李明博的政策較爲合理。如果給了對方麵包而他們卻反咬一口而不懂感謝，那何必多此一舉呢？

Q：對於南韓，你曾經說過，他們在大約十年前過於迅速地從軍法統治轉變爲自由民主政治體系，讓工會製造許多問題等等。眼看南韓今日的成就，你認爲他們成功轉型了嗎？

A：我認爲他們或許可在少了這些激進工會的情況下，以更漸進的方式改變。如今他們的工會仍然勢力強大。你也看到他們是如何高舉拳頭，集體罷工。這已成爲他們文化的一部分。

Q：有些人會說這是南韓制度的強處，是一種精力充沛的表現。

A：日本人性格也很剛毅，但他們的工會只讓成員戴上臂章抗議，從不罷工。他們將公司及國家的前景擺在自己的困難之前。韓國人在這方面態度有所不同。

印度

種姓制度的羈絆

經過這些年，我得出的結論是：中國和印度是不能相比的。中國是經過自然發展逐漸形成單一國家。它不是一個由外人打造的國家。中國有九成人口是漢族人，而全國幾乎每個人都能說同一種語言。中國有著印度所缺乏的某種凝聚力。印度境內使用的民族語言超過四百種[1]，而在英國統治者還沒到印度建造鐵路將其統一之前，印度人是由不同王公、蘇丹或納瓦布（地方行政長官）管治的多個族群。鑒於語言環境的多元化，在德里，你無法同一時間向四〇%的人發表談話（德里位於印度的印地語地區；根據二〇一一年的人口普查，印度有四一%的人以印地語為母語。而旁遮普人雖不以此為母語，或也通曉它。）印度的許多語言，例如淡米爾（泰米爾）語和旁遮普語，在歷史上毫無關聯，說其中一種語言的人和說另一種語言的人可能是雞同鴨講。如果你說英語，那麼十二億人口當中只有兩億人聽得懂你

1. 資料來源：《經濟學人》，二〇一二年二月。

在說什麼。如果你會說印地語，那你就能爭取到約五億聽衆。如果你只會說淡米爾語，那你的聽衆就只有約六千萬人。這對印度任何一位總理來說都是很大的障礙，因爲他們沒有一位元首通曉所有的語言。

印度從來都不是一個單一性的實體，那是英國人想出來的概念。儘管英國統治者及印度民族主義者都盡了最大的努力，做爲一個國家的印度始終是理想多過現實。因此，我們不能把印度和中國兩大文明拿來相提並論。若問印度是否能取得和中國一樣的成就，就如同問能不能把蘋果變成柳丁。因兩國根本上的區別而產生的不同結果，也相當明顯。一個能迅速將事情辦妥，另一個則口沫橫飛，卻少有付諸行動的意志或魄力。印度就是不具備中國那樣的決心和專心致志。

這種分裂的情況，也體現在印度的政治體系上。身在德里的領導人無法令各邦首席部長按中央政府的意思辦事，因爲他們不是靠中央領導，而是靠老百姓的選票獲得委任。在中國，你得聽從中央的指示，否則就得靠邊站。整個國家以一致的步伐向前邁進。但印度的內部差距太大，無法像中國一樣在單一制度下保持統一。

在中國成功主辦奧運後，印度財政部長奇丹巴拉姆（Chidambaram）向國人下挑戰書，讓印度不是在二〇一六年，就是在二〇二〇年主辦一場規模不遜於北京奧運的運動會。這會發生嗎？不管你對中國的計劃生育政策（獨生子女政策）有何看法，他們畢竟是執行了這樣的政策。根據二〇一二年九月的一篇新聞報導，中國人可以把七個月的胎兒拿掉。陝西省一名婦女馮建梅因為沒徵得官方批准就懷孕，在懷孕後期被迫墮胎。這就是集權體制的運作方式。你若犯規，就必須墮胎。印度人則不會嘗試立下規定，更談不上去執行它。

種姓制度使印度的情況更爲複雜，這是阻礙其發展的另一個重要因素。根據種姓制度所定下的規矩，若你與比自己階級低的對象結婚，你就自動失去原有的階級身分。因此，婆羅門人（僧侶階級）只會同婆羅門人結婚，吠舍人（平民）只會與吠舍人結婚，而達利人（賤民）只能與達利人結婚等等。

屬於僧侶階級的婆羅門人，以個人來看，同世界任何人一樣聰明，當中有許多人通曉多種語言。那麼，種姓制度對印度造成什麼樣的影響？我接下來要提出的看法，或許不太受人歡迎，但我相信它是事實。從宏觀的層面來看，種姓制度限制了各階級基因庫的多樣性。年復一年，人們的總體智商會受這種孤立性所影響。中國古代傑出的官員能夠三妻四妾，每到一個新的地方上任，就有機會將自己的基因散播開來。他在告老還鄉後多半會選在蘇州定居，因爲那裡氣候溫和，並且妻妾成群。然而印度的婆羅門人，則不能與非婆羅門人結婚，否則就會失去其社會地位。如果沒有種姓制度這回事，婆羅門人就能夠散播他們的基因，那印度各地擁有一半婆羅門血統的人就會明顯增多。假設你所處的社會突然規定，大學畢業生若與非大學畢業生結婚，就會自動失去原來的社會地位，那你的社會最終會變成什麼樣子？

我在上世紀七〇年代首次領略到種姓制度的巨大影響力。當時我有一名屬於婆羅門階級的私人祕書，名叫A．桑卡蘭。他的父親是新加坡登路印度廟的祭司。你可以從桑卡蘭的身體特徵看出他是一名婆羅門人。有一回，他跟隨我訪問印度。當我們到了首席部長官邸時，一件十分奇怪的事情發生了。我們抵達時，桑卡蘭和執勤的勤務兵說了幾句話，而他們就立刻聽從他的指示。他們從他的談吐以及特徵看出他是婆羅門人，因此他的話相當具權威性。勤務兵都聽他的話。桑卡蘭如今雖已逝世，但此事讓我畢生難忘，因爲它讓我大開眼界。一名不知從哪裡冒出來的新加坡籍婆羅門人，僅僅同一群印度勤務兵說了幾句話，就因階級身分高而得到他們的尊重。

另一件事則在約二十年前發生。當時我又到訪印度，坐在一輛從阿格拉（Agra）開往德里的汽車上。阿格拉最高官員陪我前行，我趁機詢問他有關種姓制度的問題。我對他說：「假如我告訴你我是婆羅門人。你會相信嗎？」他回說：「唔，如果你有婆羅門人的地位、財富以及舉止，我或許會相信你。但如果你要同我的女兒結婚，我就得展開最深入的調查。」我接著問他如何在像德里這樣的大城市追查一個人的底細。他回答說，德里也不盡是一片人海，一個人總得在某處落腳，因此是可被追查到的。

這些都是幾十年前的事，但情況至今也沒有什麼重大改變。在印度最國際化的都市裡，例如孟買，種姓制度的影響或許稍微小了。但就整個國家而論，階級意識的降低是微不足道的。印度或許還需要經歷數十年、甚至是數百年的逐漸變化，才能擺脫種姓制度的影響。

鑑於這些阻力的存在，印度和中國之間的差距將逐年擴大。印度的平均國民所得（一千五百美元）不及中國的（五千四百美元）三分之一。印度的成長率是中國的六〇%～七〇%。我不認爲他們能趕得上。印度某些地方會因私人企業實力雄厚，而比其他地區發展得快。孟買是一個主要的成長區。班加羅爾（Bangalore）是另一個迅速成長中的城市，這有一部分是因爲那裡有像NR墨希（N.R.,Narayana Marthy）這樣的世界級企業家所領導的印度資訊系統技術公司——印福斯（Infosys）等企業。然而，印福斯能聘請多少人呢？這樣的活力在印度並非處處可見。

或許是因爲相對缺乏機遇，又或者是因爲國家潛能受官僚主義所限而感到苦悶，許多有才幹的印度人都到國外尋找更遼闊的天空，並一去不復返。這是印度人和中國人之間一個關鍵的差別。中國人也同樣蜂擁到美國，但當中有不少人會回國創業。中國提供了印度無法提供的機遇。換句話說，中國人才外流的情況不比印度的嚴重。選擇離開印度的往往是最優秀的人才。他們管理著世界上一些規模數一數二的集團，其中包括百事公司及德意志銀行。

印度在基礎建設這重要領域也處於明顯的劣勢。這個國家已具有不利於投資的名聲，因爲它的基礎建設包括貨櫃碼頭、鐵路、機場、通訊及宜居城市等不夠扎實，不利於經商。中國有許多日本投資者，因希望分散投資而嘗試到印度設立工廠或礦場，卻驚訝地發現印度的基礎設施相當破舊。若是這樣，你要如何把貨物運來？如何把成品運出？中國高速公路總長度從一九八八年的不到一百公里，增加至二〇一〇年的七萬四千公里，在世界上僅次於美國。相比之下，印度高速公路總長度只有七百公里。印度政府如今計畫在未來五年耗資一兆美元加強基礎建設。但這要由誰來建？如果是由印度人自己來建，這將耗費很長的時間。比較實際的做法是發放特許權給日本人、韓國人和中國人，由他們代爲建設。這麼一來，或許四、五年就能建好。然而印度會這麼做嗎？我不太肯定。

我是帶著難過的心情對印度做出這些觀察的。我一開始是爲印度加油，因爲它是一個民主國家，而中國實行的則是專制統治。但隨著年齡的增長，我領悟到了兩件事。第一，民主制度並非什麼靈丹妙藥，它無法爲所有人解決所有的問題。中國若是民主國家，就無法取得今天的成就。第二，社會內有一些根本的勢力是難以改變的，那些歷史愈是悠久的愈是如此。印度受制於其內部結構幾乎無法改變的現實，並被種姓制度緊緊束縛，無法掙脫。

§

Q：你提到印度的多元性。但印度人不分語言或階級，在甘地和尼赫魯（Nehru）的領導下團結起來。

A：不，當你說他們團結起來，他們其實是爲了某個目標而團結。甘地反對繳鹽稅，而印度人覺得這關係到自己的利益，因此他在過程中成爲代表人物。尼赫魯是首位世俗領袖，人民對他的期望自然很高。他的英語演說能力很強。他在一九四七年八月十四日印度獨立前夕發表的英語演講，有個非常動人的開頭：「當午夜鐘聲響起，世界還在沉睡，印度將從夢中甦醒，重獲新生和自由。」但只有六分之一的印度人聽得懂這段話。出身於喀什米爾家族的尼赫魯，印地語說得不十分流利，而他也曾對這一點表示遺憾。他在英國的哈羅公學和劍橋大學受教育。

Q：但尼赫魯如今在印度是備受景仰的人物，就算不是印度六分之一聽得懂他的話的人，也照樣崇拜他。

A：是的，但這是留戀過去和渴望時光倒流的表現——要是尼赫魯堅持下去，改變印度，那就好了。但隨著我的年紀愈大，我就愈覺得傷感。我看不出尼赫魯——即便他還活著，並還年輕有魄力——能夠改變印度的結構。我還年輕時，以爲他可以做得更多。如今，我相信他也無法再做什麼，因爲他無法改變根深柢固的文化偏見，尤其是種姓制度。

Q：你過去曾經形容英迪拉．甘地（Indira Gandhi）是一名意志堅強的女人。

A：是的，她確實是個性格頑強的女人。

Q：她在領導印度時，時而顯得專制。這是否意味印度目前需要這樣的領導人？

A：我認爲印度需要更強勢的領導。這是因爲這個國家的本質促使它面對來自四方八面的拉力。

Q：印度的體制有哪些讓你欣賞的強處，而那也是中國的體制所沒有的？

A：他們最大的強處也是他們的弱點。印度社會是如此多元和不盡相同。他們每一次發生地震，震破的石子（若把印度比喻成石子）不管怎樣群起移動，都不會分崩離析，石子仍在原處。我不是說中國面對同樣的情況會崩潰，但以印度的情況而言，它有不同的地方政府和首席部長，雖然不斷地移位，卻總能保持協調。

Q：那麼印度人常說的人口紅利（**demographic dividend**，指人口結構轉變，勞動人口比率上升而帶來的經濟好處）又是怎麼一回事？他們的人口當中有一大部分是年齡介於十五到三十五歲的年輕人，這能成爲他們的經濟優勢嗎？

A：這會給印度增添年輕的動力。印度的生育率爲二·五，比中國的高出許多。中國有一天或許會後悔不早一些放寬計劃生育政策，但印度所面對的問題，是爲年輕人提供足夠的住屋和教育機會，以及更好的生活水準。這個國家有些地方連學校都沒有，學生得在大樹下上課。因此，人口成長最終可能產生更多文盲。

Q：你預計相對於美國，中國在亞洲會變得日益強大，並占據主導地位。你認為印度在這當中會扮演什麼樣的角色？

A：印度將在印度洋扮演很有影響力的角色。儘管（由英國人打造的）印度陸軍和海軍是分開管理的，但它們還是保持了一定的實力。我曾看過印度共和國日（國慶日）的閱兵儀式，那是在一九九六年一月到訪德里的時候。整個場面非常壯觀。我看到裹著高頭巾、身形魁梧的拉普族（**Rajputs**）和其他種族的士兵聽從同一個總司令的指揮。海軍和空軍也是如此。他們是一個統一的力量，在印度洋所能展現的實力不容小覷。

Q：印度社會若是如此分裂，他們又是怎麼做到的呢？

A：軍隊是個制服單位。若你選擇入伍，就得聽從指令。但在政府，地方不一定聽從德里的指示。更何況，國家安全比什麼都重要，因此他們在國家防衛方面下了很大的功夫，其中包括安達曼群島的防衛。雖說這些島嶼離德里有好幾千英里遠，但仍是他們的領土。

Q：印度也能在太平洋發揮影響力嗎？

A：不，我不認為印度海軍能進入太平洋。我相信中國人會嘗試控制緬甸和巴基斯坦的港口。事實上，他們正在建設港口，以確保從非洲運送原材料回中國的船隻能安全航行。但他們無法在印度洋稱霸。

Q：那美印關係呢？你認為它會朝什麼樣的方向發展？

A：這將一直是重要的雙邊關係，因為美國需要有國家協助平衡中國，而印度是唯一在人口方面與中國不相上下的國家。印度的 GDP 仍舊比中國低許多，但其中有一大部分是用在武裝部隊上。但你也必須合理地看這件事。中國人已把女太空人送上太空，而印度人則還沒有這麼做。我並不懷疑印度人不能做到，但他們或許得花更長的時間，而這也將耗費許多原本能用來促進國家成長的資源。但中國人這樣做是為了向美國人證明：你們能做的，我也能夠做。

Q：我想問一個比較個人的問題。你走訪印度時，有什麼地方是比較吸引你的呢？

A：我有好些年沒有到印度了。首先，他們說的是英語，而這較有利於溝通及建立關係。另外，印度的食物也非常美味。

Q：你吃得慣印度的香料和咖哩？

A：你可以吩咐廚師不要把食物弄得太辣。但我不喜歡的是那些頂級酒店周圍的違章建築。有一回，我入住一個印度城市新蓋好的喜來登酒店，而馬路對面就突出地立著一棟違章建築。這就是所謂的民主。在中國就不會有這樣的事情發生。我不知道他們是如何安置無家可歸的人，但他們是絕對不允許這些人在城市內胡亂搭建房子的。

第 5 章

東南亞

Southeast Asia

馬來西亞

分道揚鑣

英國人在離開時給馬來西亞和新加坡留下大致相同的遺產，兩國在後殖民時期的發展水準也旗鼓相當。但是，這兩個國家在一九六五年以後所選擇的道路卻是迥然不同。馬來西亞選擇成爲一個以說馬來語爲主的國家，而新加坡則選擇以英語做爲工作語言，建立了多元種族的社會。隨著馬來人口的比重日益增加，一個說馬來語的馬來西亞將成爲更根深柢固的概念。

在新加坡併入馬來西亞的近兩年時間裡，我領導其他人組織聯盟爭取建立一個屬於「馬來西亞人的馬來西亞」，竭力克服種族問題。然而，此舉遭遇強烈的反對，有時更引發暴力抗議。這最終導致新加坡在一九六五年八月九日脫離馬來西亞聯邦。

我這一代人一直都相信新加坡和馬來亞是一體的。英國人在戰後將我們分開，成爲個別殖民地，而我們則爭取合併。馬來亞領導人一開始並不想讓新加坡加入，因爲我們的華族人口多，會打亂整體的種族結構比例。英國人最終說服馬來西亞首任首相東姑．阿都拉曼（Tunku Abdul Rahman），讓他相信隨著左派分子在新加坡華校日益壯大，新加坡傾向共產主義的危險實在太大。他終於同意讓新加坡連同沙巴及砂勞越一起併入馬來西亞，以兩地較低的華族人口比例平衡我們的影響。

但在我們加入之後，東姑告訴我：「你的政黨不該打馬來西亞馬來人的主意。」新加坡當時有三個以馬來人居多的選區，即芽籠士乃、甘榜景萬岸以及南部島嶼，他不希望我們接觸那些他認爲是馬來人地區的選區。然而，我們無法遵從這點，而必須依照憲法行事。憲法沒說那是「馬來人的馬來西亞」，而是「馬來西亞人的馬來西亞」。我們仍舊組織了馬來西亞團結總機構，提倡打造眞正的多元種族國家。我們說服砂勞越、檳城和怡保的政黨加入，其中有好幾個馬來族代表。隨著總機構的實力愈來愈壯大，東姑感到十分不快，接著我們被告知新加坡得脫離馬來西亞，否則將有流血事件發生。我的內閣當中有一些人反對脫離馬來西亞，特別是時任副總理的杜進才（Toh Chin Chye）。杜進才在怡保出生，而脫離馬來西亞違背了他的意願。他想見東姑，我也鼓勵他這麼做。但東姑拒絕見他，並寫信表示自己已無法控制大局。東姑寫道：「這件事絕對別無選擇。」

一九六三年至一九六五年間，我以新加坡總理的身分出席馬來西亞的統治者會議。出席的統治者都是馬來人，他們身穿制服，並有護劍官陪伴左右。所有州務大臣都穿著馬來傳統服飾，只有我是例外。這不僅僅是象徵性舉動，而是要表明：「這是馬來人的國家。你絕不能忘記這一點。」

新馬分家後，我們在馬來西亞嘗試在種族課題上朝著不同願景所做的努力也告終結。回首過去，我感到十分遺憾。假如東姑態度堅定，擺平了馬來激進分子，建立多元種族的馬來西亞，讓華人和印度人在警隊、軍隊和行政機關裡分享權力，馬來西亞將比如今更加繁榮和公平。新加坡的成功經驗，大部分也都能在馬來西亞各地複製，兩國的情況也將更好。

我大概是對東姑身為一名馬來領袖所能扮演的角色，以及其能力的局限過於樂觀了。他出生於不同的年代，是在英國人的統治下長大的，因此將所有的人——包括異族同胞，視為英國子民。他的朋友是華人。他在劍橋大學最要好的朋友是蔡承嘉，而他會打電話給蔡承嘉說：「過來我這裡一起享用烤牛肉和白蘭地。」東姑也接受新加坡的發展更迅速、並將成為馬來西亞的「紐約」的現實，而他可從吉隆坡治理整個國家，並讓它成為馬來西亞的「華盛頓」。

然而，我一開始沒能意識到的是，他無法阻止馬來激進分子推動以馬來人為主的議程。我早該在馬來西亞聯邦成立之初就看清形勢，尤其是考慮到他們當時為了不讓華人超越其他種族的人數，而堅持讓沙巴和砂勞越加入的決定。馬來人既然在馬來亞掌權，當然也希望在馬來西亞聯邦繼續當家做主，確保這個國家永久屬於他們。

馬來西亞人口結構的變化，將使馬來人特權更加難以動搖。在過去四十年內，也就是打從馬來西亞實行「新經濟政策」開始，馬來西亞華人和印度人口占總人口的比率已大幅下降。華人在一九七〇年占總人口的三五．六%，這個比率到了二〇一〇年的最近一次人口普查，已下滑至二四．六%。印度人的比率在同時期從一〇．八%下降至七．三%。

這樣的種族成分變化是由多種因素造成。馬來人生育率較高是其中一個原因。此外，馬來西亞也迎來很多移民，例如移居沙巴的菲律賓人。其政府過後被指向外國人大量發放公民權，以致得召開聽證會調查此事。許多華人和印度人選擇離開。那些受過高等教育的人尤其常聽到父母這麼勸告他們：「這是你赴外國大學留學的護照。別回來了。」

我們有四〇%的新移民來自馬來西亞。經濟條件更好的人會選擇移民到更遙遠的國家。對受華文教育的移民而言，台灣是他們早期的首選。近年來，也有馬來西亞華人和印度人移民選擇在歐美和澳大利亞定居。他們當中也有一些是出人頭地的，例如前任澳大利亞金融部長黃英賢。至於那些選擇留下的人，一些是沒有能力離開，另一些則仍然能突破歧視性政策的局限，通過從商過著不錯的日子。後者有許多是和有關係網絡的馬來人合夥，而他們和印尼的「主公」企業家沒什麼不同。這些華裔「主公」和能取得執照、卻不怎麼懂得打理生意的印尼人合作，負責處理公司業務中繁瑣的事務，並因此分得一杯羹。但關鍵的問題是他們的子女將如何選擇。在馬來西亞，當中有許多人會到外國求學，之後就移民他鄉。

馬來西亞的種族主義政策讓它處於劣勢。這麼做是自行縮小國家的人才庫，不利於打造一個善用各族所長的社會。他們爲了維持一個族群的主導地位，甘願犧牲人才。馬來西亞政府近來也較願意承認，這些人才已流失到海外其他充滿活力的城市，並試圖吸引一些旅居海外的馬來西亞人回國。但現實情況是，這些舉措或許來得太晚，作用也太小了。在一個全球化的世界裡，技能、才智和幹勁將日益成爲人們保持競爭優勢的關鍵，而馬來西亞正在失去優勢。它在對外競爭中讓其他國家領先一步。

華人和印度人選票的影響力最終將變得微不足道。當這一天到來時，華人和印度人將無法用選票表達訴求，也不能期望爲自己爭取建立一個公平和平等的社會。

二〇〇八年馬來西亞大選過後，一些人強烈感覺到這個國家即將迎來眞正的改變。反對黨發出包括廢除一些種族主義政策在內的競選承諾，結果他們取得的戰績是連支持者也始料未及的。就選票而言，這是反對黨自一九六九年以來所取得的最佳成績。就國會議席而論，是有史以來最好的成績。國民陣線（簡稱國陣）政府失去了三分之二的多數議席優勢。大選一年後，納吉．阿都．拉薩（**Najib Tun Razak**）接任首相一職，過後推出「一個馬來西亞」政策，以促進種族和諧和加強國家團結。

納吉首相之所以提出「一個馬來西亞」政策，是希望贏回他的政黨在二〇〇八年大選中失去的一些華族和印族選票。然而，選民是否爲之所動？馬來人是否熱烈歡迎「一個馬來西亞」政策？他一開始或許雄心勃勃，但政治現實也許限制了他後來的行動。他是不可能在不失去馬來核心支持者的情況下贏得華族和印族選票的。

「一個馬來西亞」這個政治口號，始終是雷聲大，雨點小。我在政策推出後不久和馬來西亞的華文媒體代表見面。他們告訴我，一開始他們是將之報導爲一個多元種族的馬來西亞，但後來被更正爲「一個馬來西亞」。換句話說，人民共用一個馬來西亞，但馬來人、華人和印度人各族群之間仍保有清楚的界限。這個政策是否能顯著地爲非土著公民營造一個公平競爭的環境，還有待觀察。

如果說希望「一個馬來西亞」政策能夠爲種族關係開創新時代的人想法不切實際，那麼指望反對黨有一天能這麼做的人也好不到哪裡去。首先，反對黨聯盟不太可能在不久的將來奪過政權。即便它成功了，要廢除馬來人享有的特權，也幾乎是不可能的事。要了解這一點，我們必須仔細研究人民聯盟（簡稱民聯）。這是一個臨時湊合起來、投機取巧的團隊。它連一套稍微一致的理念也沒有，僅被一個將政府拉下馬的共同願望維繫著。只要它一日不掌控聯邦政府，無須執行上述的多元種族政策，它就能維持表面上的團結。然而到了緊要關頭，民聯將無法摒棄馬來人至上主義。倘若民聯眞的被賦予全力推行政策的權力，這個謊言就會被拆穿，它不是被內部矛盾弄得四分五裂，就是因猶豫不決而陷入癱瘓。聯盟內以馬來穆斯林爲主的馬來西亞伊斯蘭黨，將在勝利中擁有絕大部分或至少足以行使否決權的議席。倘若民聯想朝任何有意義的方向邁進，就會立刻遭到它的阻攔。若是這樣，馬來西亞伊斯蘭黨就和馬來民族統一機構（簡稱巫統）一樣，屈服於來自馬來選民的選舉壓力。

要了解馬來人特權爲何在馬來西亞社會根深柢固，巫統或國陣能否繼續執政不是關鍵。與其將巫統想成會繼續執政的實體，我倒是把馬來人視爲將一直控制多數國會議席的陣營。無論是哪個政黨取代了巫統，成爲代表馬來人利益的主要政黨，作風都不會和巫統相去甚遠。

新加坡和馬來西亞不只有在種族課題上立場不同，不過這些年來，我們已學會了和平共處。我們接受彼此是不同的。當我們在一九六五年和馬來西亞分家時，兩國都以英語做爲共同語言。幾年後，馬來西亞決定放棄英語，讓學校改用馬來語教學，使之成爲工作語言。華人私下出資辦華校。後來，政府斷定人們失去使用英語的能力將不利於發展，因此又在二〇〇三年重新讓學校以英語教數學和科學。然而，這個決定引起了馬來人，尤其是來自農村的人的反對，學校因此又在二〇〇九年恢復以馬來語教科學和數學。當初放棄英語的決定，並非能輕易逆轉的。在新加坡，我們也保留了傳承自英國的司法獨立制度。在馬來西亞，政府於一九八八年針對一些不利的判決做了一系列決定，其中包括開除首席大法官及其他高級法官，並且修改憲法削弱司法權力。二十年後，由首相阿布都拉·巴達威（Abdullah

Badawi）領導的政府給予被開除的法官或他們的家屬一筆特別賠償金。阿布都拉自己也承認，一九八八年的事件是國家面對的「一次危機，而它至今仍沒能完全恢復過來。」

新加坡和馬來西亞選擇以截然不同的方式建立各自的社會，但我們都已明白沒有必要將自己的想法強加在對方身上。我們無法改變他們，他們也無法改變我們。我們就這麼相隔兩地、相安無事地共存。

新加坡最重要的任務，是建立和維持一個強大的武裝力量，以維護國家的主權。只要我們擁有一支能夠阻嚇侵略者的新加坡武裝部隊，就不會有人來干涉我們。

§

Q：回想當初，你是否覺得自己推動建立一個「馬來西亞人的馬來西亞」時力度太大了？

A：不。倘若我當時不這麼推動，我們現在就是階下囚了。

Q：你過去曾經說過，身邊有些人不看好新馬合併，其中包括李夫人（柯玉芝）。你曾說過：「她告訴我，我們（在馬來西亞）不會成功，因爲巫統的馬來領導人有全然不同的生活方式，他們的政治也是以種族和宗教爲本的。我回答說我們必須取得成功，因爲我們沒有更好的選擇。然而，她是對的。還不到兩年我們就被迫脫離馬來西亞。」

A：是的，但我必須放手一搏。

Q：新加坡當時還有哪些其他選擇？

A：另一個選擇是讓新加坡獨立，但這意味著我們必須面對當時正在擴張勢力的華文中學學生。他們很有可能勝利。可是新加坡一旦併入馬來西亞，華人就會意識到自己是身在馬來人的地方，而要打造一個屬於華人的新加坡，是不可能的事。行得通的是塑造一個多元種族的新加坡。

Q：所以這是你想要合併背後的部分打算？

A：不，這並不在我的盤算之內。這是結果。我的打算是我們必須重新加入他們，以成爲一個統一的整體。新加坡和馬來西亞在歷史上是一體的。

Q：此舉不是爲了要消除新加坡華人的共產主義威脅？

A：不。若是這樣，付出的代價就太大了。假設我們在馬來西亞被提控，而且也沒有組織馬來西亞團結總機構以爭取建立多元種族的馬來西亞，我們今天就會像檳城、古晉或哲斯頓（今日的亞庇）一樣。他們的人不是馬來族，而是杜順族、達雅克族以及卡達山族人。

Q：一些人也提出這樣的看法，認爲你和人民行動黨之所以涉足馬來西亞，是因爲有統治這整個國家的野心。

A：這簡直是不可能的事。馬來西亞的人口結構不允許這樣的情況發生。他們要非馬來人扮演次要的角色，他們有馬來西亞華人公會（簡稱馬華公會）及馬來西亞印度國民大會（簡稱國大黨）做爲夥伴，協助爭取馬來亞基層領袖的支持。他們能夠操控沙巴和砂勞越，因爲這兩地的領袖是年紀尚輕的新面孔。在鬥爭期間，東姑爲了讓我出局，提議由我出任聯合國代表一職。

Q：新馬分家的時候，報章報導說有許多新加坡人都公開慶祝。我猜想如果現在問新加坡人的話，他們還是會認爲這對新加坡而言是最好的一件事，因爲我們能靠自己的雙手去決定自己的命運。如今你回首這段往事，尤其是考慮到新加坡之後的發展，你是否會以相當正面的態度看待它？

A：不，我們是在不利的情況下盡力而爲。當時的形勢對新加坡不利，他們盤算著我們會吃回頭草，並接受他們所開出的條件，摒棄我們同他們以及英國人協商好的條件，而後者給予我們一些在教育和勞工方面的權利和特權。我們是馬來西亞獨特的一部分，而不是一個普通的州屬。

Q：一些專家提出的其中一個看法是，這種想維護馬來人特權的渴望，是出自一種缺乏安全感的心理，因爲華人和印度人的人數衆多。根據這樣的看法，如果馬來人占人口的絕大多數，使國家變得更單一化，他們或許就不那麼感到受威脅，而更有可能願意放棄這些特權。

A：你相信大部分人會支持要他們放棄特權的領袖嗎？

Q：世界上有許多國家的少數族群是處於優勢而非劣勢的。以中國爲例，少數民族在申請進入大學就讀時能獲得額外的分數。

A：看看中國的歷史是如何演變的。中國人是一個偌大的、自信的群體，他們希望爭取少數民族的支持。因此，他們不強迫少數民族遵守獨生子女政策，並成立新疆維吾爾自治區和西藏自治區。中國的歷史背景何以同馬來西亞的相提並論？

Q：你曾提出，其他國家所提供的例子顯示，由一個種族支配其他人或者全民同說一種語言的國家，往往較具凝聚力。當馬來人口的比重變得愈來愈高時，這樣的論點是否也適用於馬來西亞的情況？馬來西亞會因此變得更好嗎？

A：如果你是馬來西亞的華人或印度人，你認為你的情況會更好嗎？

Q：或許不會。但就整個國家和社會而言，這是否有可能對馬來西亞更有利？

A：這個問題的答案是：你認為他們的人才都源自哪裡？

Q：所以你的觀點是，他們是有潛能，卻沒能實現。

A：是的，當然。

Q：在馬來西亞種族比例經歷改變的同時，我們還看到了另一個趨勢，也就是它更加嚴格恪守伊斯蘭教教義了。

A：這是來自中東的一些影響造成的。

Q：它能成為進步的回教國家嗎？

A：你相信嗎？你的「進步的回教國家」指的是什麼？

Q：向世界敞開國門，樂於接受新思想。

A：那他們就不戴頭飾，男女彼此握手、坐在一塊兒，而正在喝啤酒的非回教徒可以請教徒朋友坐在他身邊喝咖啡？

Q：但比方說，它難道不能更像土耳其而不是沙烏地阿拉伯？相對開放，接受一些較爲國際化的價值觀？

A：不，它會是一個馬來回教國家。從前，他們較不拘小節。如今，他們受中東國家影響，更加傾向於遵守回教的原教旨。他們過去會在晚宴上以酒招待賓客，並同賓客舉杯共飲。我在那裡的時候，東姑會邀請朋友一同分享他的威士忌和白蘭地。現在，他們只以糖漿代酒敬對方。

Q：除了種族和宗教課題，另一個讓許多人最爲關心的課題是「金錢政治」和制度內貪污的問題。比方說，將合同發給馬來企業的政策，只讓很少的馬來人受益。你覺得馬來西亞有可能解決這個問題嗎？

A：這個我說不上來。如果能找到一群年輕、教育程度高且想要認眞治理國家的馬來人，而他們也準備同既得利益集團展開鬥爭，問題是有可能解決的。在每一個巫統支部，他們的領袖因手持選票而享有特權。所以我不太確定是否能看到改變，除非整個馬來西亞經歷巨大的改變。

Q：說到新馬關係，你認爲兩國有經濟合作的空間嗎？一個例子就是馬來西亞的依斯干達特區（Iskandar），雙方都採取務實的態度，而也具備經商的基礎。

A：我們暫且先觀望一陣，看看依斯干達的發展如何。這是在經濟領域方面的合作，而你必須記得的是，我們把錢投資在馬來西亞的領土上。他們大筆一揮，就可以把整個項目從我們的手中拿走。他們不太可能這麼做，因爲他們還想要有更多的投資。但當我們到那裡投資時，我們必須了解，在那裡所建起的任何房地產或建築物，始終屬於那塊地的主人。

§

印尼

偏離中央集權

蘇哈托時代結束後，印尼政治最顯著的發展卻是令人驚訝的平淡無奇。這其中沒有喧鬧的街頭示威者呼籲國家大刀闊斧地改革，也沒有政府大膽推行轉變國家經濟的計畫。你無法將它拍成好萊塢大片。但我深信歷史學家在多年後回顧這個時期，會意識到它的重要性。我所說的發展是指區域化、地方化的發展，也就是中央權力的分散。

一九九九年，接任蘇哈托總統職位的哈比比悄悄地簽署法令，從雅加達向全國約三百個縣政府下放權力。法令於二〇〇一年生效，並取得了非凡的效果。每個地區能夠讓當地選舉出的官員負責地方事務，整個國家也因此重現新的生機。經濟發展更趨均勻化，而地方自治也緩和了分離主義壓力，讓國家保持團結。權力分散對印尼而言將更加有利，讓它更有可能充分發揮潛能。

在這些法律實施以前，印尼是全世界政治最集權的國家之一。牽涉到國家經濟的重要決策，是由身在首都的總統和他的內閣所決定，並由來自中央政府的官僚和代表在全國落實。大小事都得通過首都雅加達來安排。包括新加坡投資者在內的外國投資者都深諳遊戲規則。他們知道即便是在印尼偏遠的地區投資，還是得在雅加達交上入門費。因此，通過開發國家豐富資源所取得的稅收和利潤，自然也得上繳首都，再由它決定要如何分配。

多年來，這樣的制度在蘇哈托的領導下也相當奏效。軍人出身的蘇哈托在一九六八年接替蘇卡諾成爲印尼總統，領導這個國家長達三十年。他所取得的成就是非凡的。蘇哈托接管的是一個通貨膨脹失控、經濟形勢極不樂觀的國家。他把資源集中在國家的發展上，成功扭轉劣勢。與蘇卡諾窮其精力在國際會議上敲桌子、試圖將印尼和自己樹立成新興國家領導的作風不同的是，蘇哈托深知，印尼若不先解決內部問題，就無法在國際舞台上發出有力的聲音。馬來西亞聯邦成立時，蘇卡諾喊出「粉碎馬來西亞」的口號，而蘇哈托決心穩定國家的對外關係，不再提起這個口號，並接受馬來西亞爲印尼的鄰國，承認沙巴和砂勞越屬於馬來西亞。

蘇哈托委任資歷良好的行政人員和態度認眞的經濟學家協助治理印尼，讓國家在他執政的三十年間取得眞正的進步。我們只需比較緬甸和印尼兩國，就能確切看到蘇哈托對印尼做出的巨大貢獻。這兩個國家一開始擁有相似的發展水準，同樣是軍人掌權且資源豐富。然而，緬甸的尼溫將軍（General Ne Win）當時選擇走社會主義道路。若不是蘇哈托保持冷靜的頭腦，推行促進國家發展的務實政策，印尼或許會落得和緬甸一樣。雖然蘇哈托在根除貪污和裙帶關係問題方面算是失敗的，但他執政的成果不言自明，歷史會給予他評價：他讓人民受教育，使經濟成長，並建設公路和基礎設施。

然而，蘇哈托所仰賴的中央集權制度，並不是團結這樣一個多元化國家的最佳方法。印尼由分散在五千公里範圍內的一萬七千五百個島嶼組成，有超過兩百個不同民族。上世紀六〇年代，吳慶瑞曾說印尼的逐漸分裂幾乎是「不可避免」的。他清楚看到一個群島國家如何受各種勢力所影響，而這樣的國家無論在文化或歷史方面，都難以體現合一性的感覺。

語言是防止印尼分裂的其中一個因素，而無論蘇卡諾有何缺點或如何譁衆取寵，他在這方面是有功勞的。這是因爲他選擇了馬來語而非爪哇語做爲國語。假如他想要選擇爪哇語，他也能夠爲此提出充分的理由。爪哇族是印尼主要的民族，他們的語言非常精練，在古代文學中已有使用。蘇卡諾本身是爪哇人，而身爲印尼經濟和文化中心的首都雅加達也位於爪哇島。可是，蘇卡諾知道爪哇語無法讓國家團結，因爲它在印尼許多地區被視爲一種外地語言。居住在其他島嶼的人民或許會覺得學習爪哇語是個負擔，而這可能導致國家分裂。另一方面，馬來語則已是人們普遍使用的第二語言，因爲這是商人和海員在走遍國內各地及東南亞地區時所使用的語言。他因此選擇了馬來語，並決定使之成爲學校所教導的第一語言，讓當地語言或方言成爲第二語言。結果，全國如今都能聽懂雅加達任何一個人講的話。這確實是絕妙的政策，是蘇卡諾獻給印尼的最佳禮物。

然而，一個共同語言並不足以維持國家團結。蘇哈托也利用武裝力量保持國土完整，比如用軍隊鎮壓亞齊（Aceh）叛亂分子。這只有在能持續使用武力的情況下才得以維持。但武裝部隊扮演的角色也在改變。蘇哈托在執政末期曾要求手下最高將領維蘭托（Wiranto）將軍鎮壓起義的學生和工人，但維蘭托了解軍事行動的局限而拒絕這麼做。當哈比比接任總統職務時，全國上下確實擔心，一連串分離主義運動會趁政治局勢改變之際，爭取脫離印尼。

哈比比政府決定走地方化的道路。不過，爲了避免鼓勵一些省份日後逐漸爭取獨立，雅加達政府越過約三十個省級政府，直接將三百個縣政府和市政府設定爲基層政府。政府過後在二〇〇四年承認，這個做法不是沒有問題，並立法重建省和縣之間的等級關係。儘管如此，自二〇〇一年後，每個地區還是奪回了各類地方事務的所有決定權，涵蓋的範圍包括衛生、教育、公共工程、農業、運輸、貿易、環境和勞工等等。除了涉及石油、天然氣和放射性原料的領域以外，政府也賦予地方政府發放其他領域投資執照的權力。哈比比來自南蘇拉威西（South Sulawesi）而不是爪哇，顯然也是一個影響因素。假設當初接任蘇哈托總統職位的是另一名爪哇人，軸輻式的政府制度相信至少還會堅持一段時日。此外，哈比比也曾在德國留學和工作長達二十年左右，而德國實行的是聯邦制而非單一制政體，這想必對他也有一定的影響。無論如何，在一九九九年底接替哈比比的瓦希德尊重哈比比所簽署的法律，並協助全面執行相關政策。一份有關印尼地方化過程的世界銀行報告指出，二〇〇一年後，原本隸屬中央政府的公務員，如今有三分之二改成聽命地方政府，而包括學校和醫院在內的超過一萬六千個服務設施，也同樣移交地方政府管理。

此舉風險很大，但最終是成功的。如今，每個地區自行管理其資源，直接和外國企業交涉。這讓大家都分得一杯羹，也改變了這個群島國家的局面。由於企業再也無須和不同等級的政府交涉，因此也加快了一些程序。地方政府較熟悉當地情況，所以它們能應對局勢的轉變。一些在權力分散後所展開的調查也顯示，許多印尼百姓認為，公共服務在二〇〇一年之後有了改善。無疑的，這其中至少有部分原因是，主要決策者如今得向選民和當地立法機關交代，而不是向中央政府報告。

廖內群島是其中一個從改變中獲益的例子。在這之前，它受雅加達政府管轄，但如今卻能直接和新加坡和馬來西亞的投資者打交道。由於廖內省最大的城市巴淡離新加坡比離雅加達近許多，因此這是再合理不過的事。外國投資和當地人的就業機會都顯著增加。

但最重要的是，權力下放讓印尼維持國家統一。既然命運如今已掌握在各地區的人民手中，他們就無法稱自己受中央壓制，或得到不公平的對待。通過開發天然資源所得到的利潤，也由當地政府管理。蘇哈托時代用軍事方案對抗分離主義的做法，讓印尼內部如同高壓鍋。中央和地方的關係往往緊張，而執政者必須確保緊緊將鍋蓋壓下，否則就有爆炸的危險。哈比比提出的地方自治政策，成功釋放了之前所積累的壓力，讓情況尚可長期維持下去。

地方化是一個不可逆轉的過程。一旦你給了地方政府管理當地人民的權力，就不可能收回控制權。印尼還會經歷一些調整，以找出地方自治，例如省級和縣級政府之間的平衡，但它不會恢復蘇哈托時代中央集權的體制。

然而，若以爲印尼的發展道路因這些正面改變而不再充滿困難和未知數，那就錯了。地方化對這個國家雖說是很好的事，但並非什麼靈丹妙藥。除了面對傳統的挑戰，印尼也面對新的挑戰，其中包括中央政府陷入的政治僵局、差勁的基礎建設以及普遍存在的貪污現象。這些問題繼續威脅著印尼的發展，並有可能讓它偏離正確的航道。印尼會不會面對、如何面對及何時面對這些挑戰的決定，將左右其人民的命運。

新加坡在和印尼以配套的方式簽署引渡條約和國防合作協定時，就領略到政治僵局所帶來的問題。印尼總統顯然相信這對國家有利，否則就不會簽署協定。然而，印尼人民代表會議（即國會）卻推翻這項決定，表面上是因爲這有損國家主權。但任何一名政治分析員都能道出協議被推翻的眞正原因：印尼將在二〇〇九年舉行大選，而議員多不與總統屬於同個政黨，因此希望通過貶低總統的名聲來提高所屬政黨的勝算。試問：一名曾任陸軍將領、國防部長、外交部長和總檢察長的總統，會不清楚印尼的主權嗎？新加坡軍隊在蘇哈托時代於印尼進行軍訓長達二十多年，也沒有聽到半點怨言。但鑑於中央制度的組織方式，這樣的政治「皮影戲」繼續困擾著印尼。

印尼在二〇〇二年修改憲法，讓人民直接選出總統。之前，總統是間接由議員選出，自然會得到議員的支持，無須擔心政策被推翻。然而，新的制度讓總統不一定是從代表性最高的政黨中產生，因此有可能讓政府陷入僵局。負責修改印尼憲法的人若有參考法國的政治體系，就會考慮賦予總統權力，讓他在當選後不久，又或者更遲一些時候，宣布解散議會、舉行選舉，以讓他能夠更明確地得到選民的委託以治理國家。

印尼在二〇〇二年所設計的結構，容易讓中央陷入僵局，並影響它的決策過程。此外，印尼也不太可能實現改革，因爲任何法案必須由人民代表會議通過，而它也沒有放棄任何權力的誘因。能夠否決總統的決策，是符合人民代表會議的角色。從這個角度來看，地方化就有其可取之處，因爲許多重要決策都已移交地方做決定。

印尼所面對的第二大難題，是它的基礎建設。當一個國家是由一萬七千五百個島嶼組成時，能夠將它們連接起來對經濟發展至關重要，因爲將主要的人口聚居地聯繫在一起，才能讓一個地區的增長帶動另一個地區的增長。提供更多的快速輪渡服務和內陸航班服務，將會有很大的幫助。在島嶼之間建造跨海大橋，也極爲有利。這些都做得不夠。建造巽他海峽大橋的計畫已提了許多年，若是建成，它將是全國最長的橋梁，連接蘇門答臘和爪哇這兩個最重要的島嶼，可產生相當大的經濟潛力。遺憾的是，這一切還是空談，而未變成行動。

根據印尼分析員觀察，和蘇哈托時代相比，改善基礎設施的步伐如今似乎慢了下來。當前的政府舉辦了一系列基礎建設的峰會，並爲提升公路和其他交通聯繫制定了宏大的計畫，卻缺乏實際可行的專案，其中的挫折感會因許多印尼精英階層喜歡到新加坡度週末而變得更強烈。每逢到新加坡小度假後回國，他們就會深刻感覺到自己國內的道路和機場亟需投資和發展。

最後，這個國家要能夠有效控制猖獗的貪污腐敗情況。地方化無法緩解這個問題，因爲省級領導也想從中撈得一些好處。貪污使整個體系上下皆是漏洞，花費的是一元，但這邊貪掉一角，那邊又虧掉兩角，結果錢來到一名普通工人或是想要賺取利潤的外國投資商手上時，已所剩無幾了。尤多約諾總統知道，貪污一旦成爲風氣，就難以根除。這需要非常堅定和持續的行動，必須由中央做起。印尼若能大力打擊貪污，就能夠創造新的未來，建設全新的國家。

印尼在過去十年表現不算太差，持續取得了四％至六％的成長。它幾乎沒有受到全球經濟危機影響，而豐富的天然資源，也吸引來自中國和日本的巨額投資。但這個國家若在未來的二十到三十年內轉型，我會感到十分意外。馬來西亞較有可能朝這方面邁出更大的腳步；這是因爲它的面積較小，並且有更完善的交通系統和更有衝勁的勞動力。

印尼目前雖然發展良好，卻還是一個以資源爲基礎的經濟體。人們的心態停留在以土地的饋贈謀生，而不是靠雙手來打拚。他們相信自己現有的資源還能維持很長的一段時間。或許他們這麼想沒有錯。這個國家還有大片的土地未被開發。他們有石油和天然氣，這可能會耗盡；但他們還有木材和棕櫚油。這些則用之不竭，因爲它們是可以反覆種植的農作物。由於他們擁有這種種的資源，因此培養了一種閒散的生活態度，而習慣說：「這是我的土地。你想要底下的東西嗎？那就把錢拿來。」久而久之，他們養成了不求進取的個性，而這不容易克服。

§

Q：印尼繼續懷抱著大國夢，過去幾年的成長，也提升了它的國際形象。你對這樣的抱負有何看法？而這對東協和新加坡這個蕞爾鄰邦有何影響？

A：一般而言，印尼希望新加坡在國際舞台上能支持它。我想，只要不影響我們的利益，我們就會支持他們。他們實際上是東協的領導者。他們有兩億四千萬人。當然，這兩億四千萬人若同處在一個大島上，情況就不同。但印尼依然是最大的國家。

Q：有人曾說，是印尼在過去讓新加坡和馬來西亞等國家略露頭角，東協才得以發展。它在東協並不像印度在南亞區域合作聯盟（SAARC）那樣專橫。一個更自信的印尼會想要一直在東協占主導位置嗎？

A：我們只能等著瞧。但即使他們這麼做，我也看不出他們如何能偏離我們之前爲讓東協成爲通訊、物流、貿易和投資樞紐所制定的方向。

Q：你還是總理的時候，新印關係的特點之一就是你和蘇哈托密切的關係，兩國因此能相互諒解。如今少了這層關係，你是否預見今後會遇到困難或問題？

A：我們雖沒有像從前那樣的往來，但李顯龍總理仍不時會與尤多約諾總統會面。我們也經常通過印尼華裔商人建立生意關係。這也凸顯了新加坡培養一批精通馬來語的非馬來人的重要性。這麼一來，我們才能保持這樣的關係。這對與馬來西亞和印尼建立友好關係而言是重要的。

Q：眼看中國在這個地區掌握主導權，你認爲印中關係會如何發展？

A：中國人會很尊重並有禮貌地對待他們。他們看中印尼所擁有的資源，因此我認爲這個關係將日益良好。印尼已解除了蘇哈托時代不准教華文和慶祝華族傳統節日的禁令。所以，他們和中國人的互動會日益增加。他們也在鼓勵國內的華裔到中國做生意。

Q：印尼民族主義經濟的抬頭，是外國投資者，包括新加坡投資者，所反映的一個問題。企業面對提高當地所有權比重的壓力。你認爲這樣的事今後會較常或較少發生？

A：我想會較常發生。他們想分得更大塊蛋糕。

Q：你認爲印尼會繼續爲恐怖主義提供滋長的土壤嗎？伊斯蘭教武裝分子的崛起是否會威脅到印尼的穩定？

A：如果你看新聞報導，就會知道回教（伊斯蘭教）祈禱團在印尼招收了一些成員，並在峇里島和雅加達的萬豪酒店發動炸彈襲擊。然而，我對印尼和對馬來西亞的看法不同。馬來西亞更公開地奉行伊斯蘭教教義，而印尼也可能因受到沙烏地阿拉伯的影響而發生細微的變化。他們所信奉的伊斯蘭教如今成爲穆斯林世界的楷模，因爲他們組織了這些會議，並出錢邀請來自世界各地的穆斯林前來參加。這促使伊斯蘭教利益團體在印尼國內興起。然而，這些事情不會一夜間改變，尤其是涉及文化的時候。

泰國

甦醒的社會底層

塔克辛．欽那瓦（Thaksin Shinawatra）的出現，永久地改變了泰國政治的面貌。在他未登上政治舞台之前，曼谷的當權者壟斷了整個政治局面，執政方針主要以首都的利益爲考量。就算曼谷精英階層過去有意見不和的時候，也不比接下來的惡鬥來得激烈。之前也沒有任何爭執像在塔克辛任內和之後所發生的爭論那麼具分裂性。塔克辛將原本被曼谷政權及中上階層獨占的資源，轉移到泰國較貧窮的地區，顚覆了泰國的政治現狀。塔克辛的政治理念較具包容性，並讓來自北部和東北部的農民分享國家經濟成長的果實。在他未上台之前，前幾任首相已因偏向實行照顧曼谷中央利益的政策，而製造了鴻溝。他只不過是將人民喚醒，讓他們看到鴻溝和當中的不公平，然後提出彌合它的政策方案。即便他沒有這麼做，我確信別人也會這麼做。

塔克辛在二〇〇一年接任首相職務時，已是一名成功的商人和億萬富豪。但倘若泰國的有錢人以爲他會看在階級的份上站在他們這一邊，那他們很快就會大失所望。他推行的政策，前所未有地偏向貧困的農村人口。他爲農民提供貸款，頒發海外獎學金給出身偏遠地區家庭的學生，並爲城市貧民提供政府津貼的住屋，而這其中有許多是遷移到城市尋找工作、只住得起貧民窟的人。他所提出的醫藥保健計畫，以無法支付醫藥保險的人爲受惠對象，讓他們每回到醫院看診時，以僅僅三十泰銖（約一美元）獲得醫療保障。

對塔克辛的政敵來說，他把整個國家搞得天翻地覆。他們並不打算讓他得逞。他們指他是民粹主義派，並聲稱他的政策將讓國家破產。（讓人意想不到的是，他們在二〇〇八年十二月至二〇一一年八月執政期間非但沒有中止當中的許多政策，還提出了更多類似的政策。）他們也指控他貪污和濫用職權爲家族生意牟利，但他否認這些指責。他們也不滿他控制媒體——甚至有人說他對媒體態度專橫，以及在南部發動頗受爭議的反毒品戰，而這可能牽涉忽略正當程式和人權的問題。儘管如此，人數衆多的農民不理會這些批評，二〇〇五年再度推選他。曼谷的精英階層最終忍無可忍。他的政府在二〇〇六年的軍事政變中被推翻。

泰國的首都自此經歷了巨大的動盪。從二〇〇八年起，曼谷街頭屢屢陷入混亂，湧上街頭的大批抗議者不是以保皇名義反對塔克辛的黃衫軍，就是熱烈支持塔克辛的紅衫軍。不過，在二〇一一年舉行的最近一次大選，塔克辛的妹妹盈拉當選首相，這清楚證明了，泰國選民認同塔克辛爲國家所制定的新方向。泰國北部和東北部的農民嘗到了擁有資金的甜頭後，已不準備鬆手。塔克辛和他的盟友目前已一連贏得二〇〇一年、二〇〇五年、二〇〇六年、二〇〇七年和二〇一一年的五次選舉。對塔克辛的對手來說，要阻擋這股浪潮是枉費心機。

儘管泰國社會近期有些動亂，它長期的前景還是樂觀的。紅衫軍的實力接下來還有很長的一段時間會比黃衫軍來得強，因爲後者的人數不斷縮水。年輕一代對王室的尊敬已不如老一代。更何況，泰王蒲美蓬雖然是一位受人愛戴的國王，但在他離世之後，他所體現的王室威望和魅力也會隨之消逝。

軍人向來在泰國政治舞台扮演主要的角色。他們得到王室賦予的權力，因而竭力制止反王室勢力抬頭。但軍隊同樣別無選擇，必須接受和順應新局勢。畢竟，它也不能長期違背選民的意願。假以時日，軍隊上上下下也會有更多的士兵屬於不那麼仰慕王室成員的年輕一代。軍隊領袖會繼續堅持保留特權，不甘成爲普通軍隊。但他們也會學習與由塔克辛盟友組成的政府和平共處。塔克辛若能承諾放下宿怨與軍隊和睦相處，他們有一天或許會讓他回國。

泰國政治已無法走回老路，回到塔克辛就任之前曼谷精英獨攬大權的年代。泰國會沿著塔克辛所開創的道路繼續前進。國內的生活水準差距會縮小。許多農民將加入中產階層，協助推高國內消費。泰國的發展態勢會是良好的。

§

Q：一些泰國分析員對塔克辛出現之後，泰國政治所發生的變化看法沒那麼樂觀。他們提到，上世紀九〇年代的首相能夠通過實行長期政策取得經濟發展，但自從塔克辛在二〇〇一年掌權後，政府不斷推出短期的民粹主義措施以及向貧困者發放援助。

A：不，那是一個非常片面的看法。塔克辛比他的批評者精明許多，這就是他利用來自東北的支援以克服他們製造的阻力的原因。

Q：但我想確實有人關注這是否是各方搶奪農村選票的逐底競爭。

A：那他們到哪裡找錢發放援助呢？

Q：這就是問題所在。

A：不，在你發放援助之前，你必須先有這個資源，而這只能來自稅收。假如你想給得更多，而收支已完全平衡，那你就得增加稅收。

Q：又或者能夠借貸。

A：誰會借？用什麼資產做抵押？

Q：所以你不認爲泰國可能因逐漸陷入民粹主義政治困局而經歷長期的癱瘓？

A：我想不太可能。他們爲何要過度地迎合窮人？

Q：你對塔克辛的印象如何？

A：他是一個親力親爲、並會爲快速取得成效而努力的領導。比起經濟理論，他更相信自己做爲一名商人的經驗和直覺。他曾經告訴我，有一回他從曼谷乘坐長途客車到新加坡，並覺得已領悟到讓新加坡成功的祕訣。所以，他也要照著我們的方式去做。我不曉得他是否眞的能用一次行程就搞清楚我們的內部運作，因爲這其中靠的是教育、技能、培訓，以及一個爲大家提供平等機會、有凝聚力的社會。你不能忘記的是，泰國東北部老撾人比泰國人多。

Q：新加坡領導人有一段時間，大概是在十年或更久以前，曾將泰國視爲勢均力敵的對手，尤其是在運輸、製造業和成爲醫療旅遊樞紐方面。如今還是如此嗎？

A：看看它們的地理位置。船隻可以不必經過曼谷，但不能不路過新加坡。

Q：那航空交通呢？

A：他們的技術和教育水準有多高？他們必須比我們出色。

Q：他們是否具備比我們優秀的潛能？

A：首先，我們有通曉英語的優勢。再者，我們擁有一個培養優質大學畢業生、理工學院畢業生和工藝教育學院畢業生的教育體系。沒有人是不具備某種專長的。他們能爲遍布鄉下地區的六千萬人發展這樣的體系嗎？

Q：我們能否談談本區域的地緣政治？泰國向來是美國的盟友，越戰時期更是美軍的一處基地。它會繼續是美國的盟友嗎？

A：是不是都沒有分別。眞正的問題是：他們的利益一致嗎？你可以建立同盟，但這也得要大家的利益一致才有效。這就像北大西洋公約組織一樣。他們在蘇聯還存在時很團結，蘇聯解體後，北約就變得毫無作用。

Q：有一個看法指出，泰國是在一九九七年亞洲金融危機遇到問題的時候，來到了轉捩點。當時泰國人發現，美國人不會幫助他們度過難關，而自那個時候，他們已斷定中國可能會是個更可靠的朋友。

A：因爲泰國在越南戰爭結束後對美國來說也沒那麼有價值了。

Q：你認爲泰國對中國在本區域日益彰顯的支配能力和影響力會有何反應？

A：你也知道泰國的歷史。在日本人勢力強大，並準備攻打東南亞時，他們允許日本軍隊進入泰國，讓對方更輕易向馬來西亞和新加坡挺進。誰是勝利的一方、強大的一方，他們就會向誰靠攏。

越南

解不開的社會主義思維枷鎖

中國改革開放幾年之後，越南也於上世紀八〇年代決定推行自由市場改革，當時許多人都對此抱有很大的期望。Doi Moi 在越南語是「革新」的意思，而革新開放的政策是在一個積極的基調下開始的。越南初步走出社會主義時，將大片集體農用地的控制權歸還給個別農民。這使農業產量在接下來幾年內激增，國內外許多人都認爲越南走對了方向。確實，當全世界都清楚看到中國經濟的改革開放是如何成功時，那些沒有那麼仔細觀察越南的人便斷定，它的改革計畫也朝著類似的方向前進。

有一種更謹慎的觀點正在浮現。我個人對越南改革的看法也改變了不少，有別於上世紀九〇年代頭幾回走訪越南時所持有的較樂觀想法。我如今相信，越南老一輩共產黨領袖的思維，基本上無法跳出社會主義的框框。他們一開始同意踏上改革的道路，是因爲看到國家正在原地踏步。但是，他們始終都拿不出和中國領導人一樣的眞正決心，去徹底改變整個制度。是這些老一代領導人讓越南停滯不前。直到他們謝世爲止，這個國家在現代化的道路上無法取得突破。

我最近一次訪問越南時的一個親身體驗，說明了它正面對什麼樣的阻礙。當時，我和他們的最高政府和軍事領導人會面，並向他們詳述了一家新加坡公司在河內西湖開發酒店專案時所遇到的困難。在公司啓動打樁工程時，數以千計的村民以受噪音干擾爲由，前來索討賠償。爲避免額外開銷，公司決定改用比打樁安靜許多的螺旋樁。這回輪到當初批准這項工程的官員來找麻煩了。他說：「我並沒有批准你這麼做。」很明顯的，這名官員和那些不滿的村民是一夥的。我向越南領導人解釋，這樣的情況會讓工程事倍功半，並力勸道：你若要開放，就該認眞行事。對此，他們呑呑吐吐，這清楚顯示他們對改革是三心二意的。他們並不明白一個滿意的投資者會吸引許許多多其他投資者前來的道理。他們的想法是，如果能把投資者逼到牆角，就能從他身上挖到最多的好處。

老一派的領袖靠的是在戰爭中的表現獲得擢升，目前在黨內享有權力地位。不幸的是，他們得以步步高升，不是因爲善於管理國家的經濟，或者是行政方面的人才。他們是花了三十多年的時間挖了一條貫穿國家南北的隧道，才取得今日的地位。越南改革和中國改革開放經驗的相似之處，是官員變得貪污腐敗。那些以爲能被體制照顧一輩子的幹部，突然發現黨外的人迅速致富。他們感到心灰意冷，因此變得貪婪。例如，高級海關官員爲了能分享財富，會非法進口汽車。和中國不同的是，越南沒有像鄧小平這種既在幹部中享有不可動搖的崇高地位、又堅信改革是唯一出路的領導人物。他們缺乏這樣的人物，究其原因是越南戰爭導致的。在這數十年內，處於和平時期的中共黨員積累了行政經驗，對於什麼行得通、什麼行不通採取實用的建議，並不斷更新自己的觀點和思想。而越共此時卻在和美國人打一場殘酷的游擊戰，對於如何治理國家毫無領悟。與此同時，那些來自南部、並了解資本主義運作的成功商人，多數都已在上世紀七〇年代逃離越南。

越南人是東南亞最能幹和精力最充沛的人民之一。那些獲得東協獎學金到新加坡求學的越南學生對學業非常認眞，成績也是頂呱呱。他們有著這麼精明的人才，卻沒能充分發揮潛能，著實令人感到惋惜。但願在經歷戰爭的一代告別人生舞台後、年輕一代接棒時，他們能夠看到泰國的良好發展，從此肯定自由市場的重要性。

§

Q：越南在南中國海領土問題與中國存在很大的歧見。二〇一二年的東協外長會議，東協這個區域性組織四十五年來首次無法發表聯合公報，越南就是陷入激烈爭吵的一方。

A：他們無法讓東協一致同意支持他們的立場，因爲中國相信，已針對汶萊和馬來西亞提出的主權聲明，和它們單獨交涉過。然而，越南提出的主權聲明才是最主要的，而這仍然是個問題。

Q：這顯示中國在這個課題有能力分化東協嗎？

A：這顯示了中國人的高明。他們有著數千年和外國與外邦蠻夷交涉的經驗，懂得將它們一個個分開周旋，避免讓對方聯合起來，也不必面對整個組織。他們就這樣一個接一個把人心都收買了。

Q：越南正尋求和美國擴展雙邊關係，以便更有能力應付中國？

A：是的。時任美國國防部長的帕內塔（Leon Panetta）在二〇一二年到了金蘭灣，這意味著，越南或許會將此軍港開放給美國人使用。如果帕拉塞爾群島（Paracels 西沙群島）引發爭吵的話，美國人駐紮在那裡或許有幫助，但我不認爲美國會直接與中國對抗。越南解決糾紛的最大希望是援引《聯合國海洋法公約》。

Q：也有輿論指出，越南可能會向美國購買軍備。

A：我不會感到意外。如今他們與美國人的關係比和中國人的好，況且美國的軍備比中國的更精密。

Q：你是否認爲東協應該在往後的峰會避談南中國海糾紛？

A：他們已採取了不同的立場。本來有一套行爲準則，現在已被破壞。

緬甸

將領改變方向

當你發現眼前走投無路時，只有一個做法是理智的，那就是：掉頭走出去。這樣的比喻，在很多方面貼切地解釋了緬甸軍政府爲何會在二〇一一年驟然回心轉意，改變整個國家的發展方向。這樣的徹底轉變，並非因爲深刻的自我反省或眞實的頓悟。這也不是一個瀕臨倒台的獨裁政權急於求存的舉動。更平常的解釋是，緬甸將領看到國家正步向死胡同，已經別無選擇。

若把視線轉向毗鄰相對富裕的泰國，他們就會更快發現這一點。論天然資源，緬甸的資源不比泰國的少，甚至更多。然而，假如要比較兩國出產的柚子，人們就會發現泰國的柚子更大更鮮甜，因爲他們進行了科學和科技研究。泰國人也將國家打造成蘭花以及其他植物和水果的最大區域出口國。緬甸理論上也能夠這麼做，因爲它有著相同的氣候和土壤。但實際上，它什麼也沒有做到。最令人感到沮喪的是，緬甸人必須越過邊境，用寶石向泰國人換取醫療用品。這個國家愈來愈落後。

熱帶風暴「納爾吉斯」更為緬甸政權和人民敲醒了警鐘。當這場風災在二〇〇八年席捲緬甸時，毫無頭緒的政府既無法有效地向受影響的災民提供援助，也不願意接受美國和法國等國家的海外幫助，結果導致數百萬的緬甸人流離失所。這和中國政府在四川大地震發生後的反應形成強烈對比，而四川大地震的破壞力不比緬甸的風災小。中國的軍隊迅速展開救援行動，包括溫家寶總理在內的國家領導人能夠控制局面，整個國家也緊緊團結在一起。有緬甸專家認為，風災是將該國推向轉捩點的最後一擊，為改革埋下了伏筆。他們的看法或許和真相相去不遠。

這個國家在二〇一一年沒有大肆宣揚，卻認真地開始改革。包括翁山蘇姬在內的數百名政治犯獲得釋放。這名諾貝爾和平獎得主獲准在二〇一二年參加緬甸的議會補選，並成功當選。緬甸政權迅速舉行選舉和釋放政治犯，部分原因是為了說服西方國家解除對緬甸的制裁，並認為這將顯著刺激國家的經濟。西方國家一開始態度相當謹慎，但最終也默然同意了。美國總統歐巴馬在二〇一二年十一月訪問緬甸，標誌著它已重新回到國際舞台上。擬於二〇一五年舉行的緬甸大選，將是自一九九〇年翁山蘇姬獲得壓倒性勝利卻被軍政權推翻結果的那次大選以來，首次自由公正的選舉。緬甸將穩紮穩打，慢慢讓國內局勢再度恢復正常。

上世紀六〇年代，領導緬甸的尼溫將軍選擇走社會主義道路。他將英國人引入緬甸協助搞好經濟的印度商人和企業家驅逐出境，讓國家只剩下緬甸人，經濟閉關自守。整個國家僵立不動整整四十年。

有一段時間，大概是在十年前，我和緬甸前總理欽紐（Khin Nyunt）有過聯繫。他是衆將領中最精明、且唯一傾向改革的領袖。我敦促他學習蘇哈托卸下軍服、組織政黨，並贏得選舉。我告訴他說，如此一來你才能得到人民的支持，將國家開放。但不久後，欽紐被軟禁在家。我失去了和緬甸政權的聯繫，也不認爲到緬甸去說服他們改變會符合新加坡的利益。畢竟已有那麼多人嘗試後都失敗了。這根本不關我的事。

緬甸過去兩年在改革開放上取得重要的進展。我不相信緬甸的將領們這次又會打退堂鼓。唯一的問題是：他們會以什麼樣的速度前進？

許多人都對翁山蘇姬寄予厚望。她是緬甸反軍政府勢力的代表人物，有些人要求她在未來的政府扮演領導角色。我對此有所保留。即使她的父親翁山將軍是解放緬甸的英雄人物，但她曾嫁給英國人，孩子是擁有一半英國人血統的混血兒，因此一些緬甸人並不完全接受她爲一分子。目前，緬甸憲法中有條文禁止她擔任總統。

她如今已六十八歲，不再年輕。即便她能領導這個國家，她還必須應付南北各地的多個民族叛亂勢力。她有辦法平定叛亂分子嗎？

在海外生活的緬甸人，是另一個有望鼓勵國家加快開放步伐的群體。他們是流亡到海外的緬甸精英。他們的孩子已不會覺得自己對緬甸有任何義務，但那些在青少年時期或成年後才離開緬甸的人，依舊會對緬甸有情感上的聯繫。隨著政治局勢改變，如果他們能被說服回國創業，這對緬甸而言無疑是打了一劑強心針。

§

Q：你在過去撰寫的《新加坡賴以生存的硬道理》一書中，說過你這輩子已對緬甸將領徹底放棄了，因爲他們是愚鈍之輩，看不清自己該做些什麼。

A：他們過去的態度非常不妥協，但就連他們也改變想法，並承認自己碰壁。

Q：對於緬甸最終決定改革開放，到底是東協所謂的「建設性接觸」還是西方制裁的功勞，外界有些討論。你對此有何看法？

A：是哪一個的功勞都不重要。重要的是他們已決定擁抱不同的未來。

Q：如果改革持續，而緬甸大開門戶，我們還會繼續看到中國對緬甸發揮與日俱增的影響力嗎？

A：會的，因爲他們已建造了一條高速公路。更何況，他們在緬甸長期實行鎖國政策時一直都給予對方幫助。因此，雙方已結下友誼，並知道這是長存的友誼。印度人想通過提供一些援助也插上一腳，但我不認爲他們能夠與中國人競爭。

Q：那美國人是否能在緬甸占有一席之地，以做爲他們在這個地區爭奪影響力的方式之一？

A：美國太遙遠；從這樣的距離發揮影響力太遠了。緬甸是和中國雲南接壤的。

第 6 章
新加坡
Singapore

處在十字路口

政治

像二〇一一年五月全國大選那樣的結果，遲早會發生。人民行動黨（簡稱：行動黨）的全國平均得票率只達六〇．一%，丟失六個議會席次，這是自一九六五年獨立以來最糟的成績。行動黨在歷屆大選中幾乎囊括所有議席的局面，終究無法長久持續。之前的一代人，在建國時代長大，體會了生活水準怎麼從低點大幅躍升。漸漸的，提升的速度會放緩，能見度也不再那麼顯著。新一代選民有著截然不同的生活體驗，投下手中的一票時，憑著的是一套與父母輩或祖父母輩截然不同的思維方式與權衡標準。當然，二〇一一年五月大選也受到好些短期因素所困擾，讓整個局面對行動黨不利。例如，工人黨領袖劉程強決定離開後港舊巢轉戰阿裕尼集選區，以及政府推行的一些政策引起民間不滿。再怎麼樣都好，輸掉一整個集選區[1]的結果，遲早都得面對。

更重要的問題是：我們接下來要怎麼做？這取決於行動黨如何因應大環境的改變，選民又會怎麼做抉擇。萬事難料，唯有一事我敢肯定：如果新加坡最終決定走向兩黨制，我們將注定平庸。我們如果對自己說：「沒關係，就甘於當一個普通的城市吧，爲什麼非得要處處比其他城市或其他國家做得更好？」那麼，我們將失去光芒，淪爲一顆黯淡的小紅點。如果新加坡眞的走上這條路，我會感到十分惋惜。

我在二〇一二年八月二十二日收到一張感謝卡，寫卡人是個新加坡人，名叫歐陽堅海（譯音）。看他那雋秀優雅的草書筆跡，想必至少是五十來歲的人。現在的年輕人多半會選擇打字，即便是寫，也無法寫出一手漂亮的字。這位歐陽先生是這麼寫的：「您的偉大領導與卓絕貢獻，讓我們國家在這麼多年裡享有和平、快樂、進步、繁榮、團結、安全，我們一家也從中受惠，非常感謝！我們要由衷祝福您，尊敬的先生，祝您平安快樂、睿智常在、延年益壽，來年一切順利！但願我們親愛的國家能繼續幸福美滿，繼續受到護佑。上帝保佑您。」

我成段引述感謝卡上的留言，是爲了凸顯新舊兩代人在觀念上的落差是何等巨

1. 新加坡大選實行集選區制度，一個集選區由幾個議席組成，各政黨競選這類多議席集選區時，必須派出一組候選人團隊參選，以團隊論勝敗。二〇一一年之前，行動黨也曾輸過幾個單選區議席，但從來不曾失掉一整個集選區。

大；從早一輩人，包括這位寫卡人、他的同輩、前輩，到把所有成就都視爲理所當然的年輕一代。歐陽先生這一代人，見證了新加坡怎麼歷經艱辛困苦，從動盪不安的六〇年代發展到今天，已是一個繁榮興盛有活力的國際大都會，足以爲受過良好教育的人民創造待遇優厚的工作。許多年長一輩新加坡人的居住環境，也從簡陋的棚屋提升到高聳住屋，擁有一切舒適方便的現代設施，四周鄰里安全穩妥。他們更能充分體會這個國家必須具備哪些條件，又面對哪些脆弱性——我們是怎麼努力才建立起今日成就，又必須怎麼做才能繼續取得成功。然而年輕選民的看法不一樣。打從一生下來，他們身處的新加坡，就是一個已經在各個方面盡善盡美的國家，他們看到的體制，不斷地維持穩定、創造財富。年輕一代會問：「奇蹟到底在哪裡？」

行動黨過去幾十年來得以持續在大選中大獲全勝或近乎橫掃所有國會議席，正因爲年長一輩選民占了大多數。一九五九年至一九九〇年我擔任總理期間，隨著經濟驚人的發展，每個人也看到他所分享的成果，行動黨因此在人民的擁護下，一再地在大選中以壓倒性勝利重新執政。一九九〇年至二〇〇四年間吳作棟接任，情況也一樣。但漸漸的，潮勢逼近顛峰，要以讓選民足以感受得到的方式超越顛峰，變得愈來愈困難。大多數年長的新加坡人還是願意繼續支持行動黨，畢竟對早年的新加坡他們仍然記憶猶新，也能體會到即便有了成熟完善的經濟體制，良好治國還是很重要，甚至更爲重要。但年輕人可不這麼想，他們會以爲今日的成就是穩固牢靠的。

選民結構改變的趨勢，正毫不留情地衝擊著我們。二〇〇一年，吳作棟最後一次領軍的大選，行動黨取得壓倒性勝利，總得票率七五％，僅輸掉兩席。那屆大選的選民當中，獨立前的選民人數相對於獨立後選民人數，比例是二：一。到了二〇一一年大選，這個比例倒了過來，五一：四九，以一九六五年後出世的選民居多。那屆大選，行動黨總得票率跌至六〇％，反對黨贏得六個議席。

當然，也不應忽略每屆大選存在的直接因素。以上述兩屆大選而言，這些直接因素尤其重要。二〇〇一年，美國九一一事件剛爆發，全球氛圍充滿變數，這些都很可能促使選民選擇政績基礎扎實的政黨。到了二〇一一年，至少有兩大因素對行動黨不利。

一是工人黨領袖劉程強推出了國際企業律師陳碩茂爲候選人。陳碩茂履歷條件非常亮眼，看起來是個人才。劉程強決定轉戰阿裕尼集選區，與陳碩茂和黨主席林瑞蓮一起組團參選。他們傳達給選民的資訊再清楚不過了：「我們孤注一擲，把實力最強的候選人都齊集這裡了，請讓我們拿下一個集選區吧。」果然，他們贏了。

不過，陳碩茂結果並不如想像中出色。在國會裡，他根據預先寫好的講稿，還說得不錯。一旦進入後續辯論，他就陣腳大亂，似乎總在狀況之外。要是他眞的思路清晰，對辯論的課題有過透徹思考，那在國會上的這種表現，只能說明他把自己的實力隱藏得太好了。這麼想的不光是我一個人，政治新聞專線記者以及坐在國會旁聽席上的選民，相信也都有同感。這個人物亮出的漂亮履歷讓公衆對他的期待很高，但也可能因此而失望更深。

另一個顯著影響二〇一一年大選結果的因素，是外來人口大量湧入引發民怨。很遺憾的，就這點，我們可做的選擇其實很少。本地生育率未能達到人口替代水準，再不引進外來移民與外籍勞工，這個國家就撐不下去了。政府放慢了引進外來人口的速度，減少人民的困擾。但不滿情緒仍會繼續存在一些時日；因爲，哪怕大衆運輸業者再怎麼增加公車和地鐵服務趟次，乘客還是得日復一日承受著擠車痛苦，所以依然會日復一日的煩躁生氣。

然而，要認眞探討大勢所趨，就得先把這種種短期因素暫且擱置。你得問問自己：下一屆大選，或下下一屆大選，把這些短期因素全抽掉，情況會不會回復到二〇一一年以前的舊常狀態？我相信答案絕對是否定的。眼下的問題不是哪一位候選人或哪一個政策令人民不滿，而是一些年輕選民渴望在政治上看到更多競爭。

今後事態會怎麼發展，至少某種程度上將取決於人民行動黨與反對黨有些什麼作爲。反對黨能不能不負衆望，達到自己非常努力建立起來的自我期許，當一個第一世界反對黨？他們能不能說服足夠的優秀人才，足以和行動黨前座議員與內閣部長相提並論的人才加入反對黨陣營？對這點，我實在很懷疑。很少有商界、學術界或專業領域人士，甘於在反對黨議席待個三、五任才組織政府。想從政的話，最好加入行動黨，畢竟這是個已有組織也已有政績的政黨。

行動黨當然也不會靜止不動。這個政黨會繼續爲選民推出年輕、可靠、認眞的人才，向新一代選民伸出觸角，爭取信任。我們在二〇一一年引進的好幾位最優秀的候選人，之後都相繼入閣。現任教育部長王瑞傑，是我歷來的首席私人祕書之中最好的一位。只可惜他的個子不高，在群衆大會上會有所不同，但他的思辨能力是我合作過的公務員當中最強的。還有其他幾位新候選人，如今也在內閣內，包括陳振聲、陳川仁、黃循財。我們要對選民說的是：「我們招攬的人才展現的是這等素質。我們可不想坐以待斃。」可是反對黨能培養出與行動黨年輕一代部長並駕齊驅的人才嗎?更別說像總理李顯龍、或副總理張志賢與尙達曼這等人才了。

儘管如此,即便行動黨再怎麼認眞努力,年輕的新加坡人最終要的可能還不只是政治上的競爭,而是全面的兩黨制。他們自有選擇的權利。畢竟每一代新加坡人都有權自行決定他們要建立一個怎麼樣的國家,要塑造一個什麼樣的社會。但我希望年輕人不會輕率地做決定,而是考慮後果、權衡得失。因爲後果終究得由他們自己承擔,不是我,或者我的那一代人。到後果浮現的時候,我們早已經不在了。

兩黨制最大的問題是,一旦落實,最優秀的人才不會選擇從政。參選得冒很大風險。競選活動會變得非常不文明,甚至卑鄙惡毒。如果你才幹超群、事業有成,何必爲了參選而冒這麼大的風險?不只賭上自己的利益,還會牽連家人。你也許寧可置身事外不蹚這灘渾水,繼續過好日子。

要在每一屆大選中說服最優秀和最有承擔的人挺身而出參選,是艱巨的任務。因爲國家前景一片大好,實在沒幾個人願意犧牲美好事業前途轉而從政。今後如果演變爲兩黨制,這項挑戰該會有多麼困難!這不只意味著我們的甲隊將一分爲二,或者一半時間由甲隊執政,另一半時間換乙隊執政。不只這樣。情況也許比這兩種局面還要更糟,那就是,甲隊(可能連乙隊也如此)對政治避之唯恐不及,寧可專注於其他領域。如此一來，執政的就只能是丙、丁、戊隊了。

打個比方說，如果當年林金山能不能當選還是個很大的未知數，我會更難以說服他從政。如果當年的情勢難以預測、隨時可能逆轉，任何人的正常反應都會是：你找別人去吧。但我們把他放到一個有必勝把握的選區競選。如果林金山當年拒絕從政，對新加坡來說會是多麼大的損失！是他一手創建了建屋發展局；沒有了這個主管公共住屋的官方機構，新加坡今天會是完全兩樣。倘若新加坡允許平庸的人來治理，這個國家必定往下沉，淪爲一個再平庸不過的城市。

如果你看其他全面實行兩黨制的國家，你將得出同樣的結論。比如英國，只要看看牛津和劍橋一等榮譽學位畢業生名單，研究這些人從事的行業，從政的沒幾個，你會發現他們大多都進了銀行界、金融界和專業領域；而國會裡的前座議員往往都不是最傑出的人才，更非最優秀的律師或醫生。美國也如此。當上財富雜誌五百強的總裁，日子肯定比從政更好過，渴望當總裁的青年才俊自然遠比希望當美國總統的人來得多。但與英、美這些國家相比，新加坡的差別是：英、美等國即使只能有個平庸的政府，國家一樣可以繼續發展；但新加坡做不到。這是一個彈丸小國，沒有任何資源，從歷史角度來看，它處在一個多變的地區。這片土地，需要的是一支超凡的領導團隊。

很遺憾的，即便一切維持現狀，部長減薪已足以使我們愈來愈難吸引最優秀的人才從政。討論部長減薪時，如果我還是內閣部長，一定會堅決反對。但年輕一代的部長決定順應民意。誠然，世界上沒有其他國家像新加坡這樣付給部長如此高薪，但世界上確實也沒其他島嶼能像新加坡如此發達——閃亮、整潔、安全、沒有貪污、犯罪率低。夜裡可以在街上散步或慢跑，婦女不會遇襲，警方絕不受賄，意圖行賄的人會被嚴懲。這一切都不是偶然發生的，而是憑藉一套需要高薪受雇的部長才有辦法構建而成的生態系統。

每一次減薪，部長因爲放棄其專業或銀行事業而做出的犧牲就更大。一些人最終會對自己說：「我不介意做個半任，兩年半，就當是國民服役吧。但再久一點，謝謝，我可不幹。」最終後果是，政府將形同旋轉門，既缺乏對事物課題的深入了解，又找不到從長遠的角度去思考問題的動力。

一百年以後，新加坡還會存在嗎？我實在不敢說。美國、中國、英國、澳大利亞，這些國家在百年後都還會存在。但新加坡獨立建國不過是近年的事。早一代的新加坡人從無到有、建立了新加坡。我們那一代人眞的做得很好。當年我領導這個國家，是窮盡一切努力來鞏固每一分成就。吳作棟也是。現在，在李顯龍和他的團隊領導下，這個國家會在未來至少十到十五年內繼續繁榮興盛。但之後，國家要往哪個方向走，將取決於新加坡年輕一代做出什麼樣的決定。無論選擇是什麼，我敢肯定的是，新加坡一旦選出一個愚蠢的政府，我們就全完了。國家將會沉淪，化爲烏有。

§

Q：二〇一一年大選後，政府是不是愈來愈往民粹路線靠攏？

A：不，我不這麼認爲。我們輸掉了一個集選區，失去六個國會議席。算不上一場大災難。

Q：你說行動黨引進優秀的候選人如王瑞傑，這些人才也都入了閣。但年輕一代似乎只希望國會裡有更多反對黨議員，不管素質好不好……

A：我無從預測也無意否定他們最終所做的選擇。

Q：但這個趨勢會不會令你操心？

A：不，我的任務完成了。我已經八十九歲了，還會去擔心世界末日是否到來嗎？我構建了一個清廉開放、任人唯賢和開放的體制，我的任務已經完成。

Q：但你相信如果年輕一代選擇兩黨制，新加坡就必定會從此平庸？

A：必定會如此。而正如我說過的，如果年輕一代人都認爲新加坡可以只甘於當個普通的城市、平凡的國家，這個結果必然會出現。

Q：行動黨可能在這種情況發生前就失去執政地位嗎？

A：我不敢肯定行動黨會在三、四或五屆大選後依然執政。

Q：如果行動黨做出改變，回應人民的要求呢？

A：不。不如你來說說看，行動黨應該怎麼改變，人民的要求又是什麼。

Q：比如說，許多人認同行動黨的核心價值觀，但希望看到更多從「心」出發的關懷。

A：從「心」出發？說得具體一點。

Q：一、部長別總是擺出居高臨下的姿態；二、撥出更多款項緩解社會問題，不過這當然得牽涉整個財務原則。這就是人民普遍的兩大期許。

A：你說「居高臨下」，是什麼意思？

Q：避免高高在上訓斥說教的姿態。也許在制定政策時多一些協商過程。

A：這正是張志賢與尚達曼的作風啊。

Q：大選前後，輿論都在議論著行動黨應該怎麼轉型。

A：沒有啊，誰在議論？

Q：楊榮文是其中一個。

A：不，不是的。楊榮文敗選了。而每一次敗選過後都必定會有一番徹底的檢討和反思。但這並不意味著你得改變一些基本價值觀與基本方針。

Q：就部長薪資課題，在你看來，政府是不是太過遷就民間情緒了？

A：不是。我並沒說他們遷就民間情緒。他們只是設法回應人民情緒上的轉變。

Q：但在你看來，這麼做是得付出代價的。

A：絕對是。

Q：可是，即使在部長薪資偏高的時候，行動黨議員也多是從公共部門招攬，而非來自私人企業。

A：不是的。我拉了林金山，還有其他一些人。

Q：但那是個不一樣的年代，當年的部長薪資並沒有今天這麼高。

A：不，你不能這麼說，薪酬是重要的。當年如果犧牲太大，他做了一任後就會選擇不幹。但他堅持了下來，創建了建屋發展局，讓每個人現在都擁有房子。他做滿一任後覺得還是值得留下來。

Q：對於新加坡，你最擔心什麼？

A：我沒什麼好擔心的。我的任務已經完成了：找到了接班人，把棒子交給下一代，我的任務到此爲止。我沒辦法永遠活得像個四、五十歲充滿活力的年輕人。

Q：看著新加坡未來的走向，會不會讓你有時候覺得難過？

A：告訴你我的眞實感受吧。對於以後會發生的事，我早已認了。沒什麼好難過的。完全看現在成長的一代人，他們會怎麼做。他們是不是還跟父母的那一代人有著同一套價值觀？

Q：我們是否可能達到一個平衡點，既不是像過去行動黨的一黨專政，也不全然是個兩黨制，而是介於兩者之間？也許，反對黨三分之一，執政黨三分之二……

A：你認爲有這個可能嗎？假如你有三個孩子，你能夠說服其中兩個投票支持行動黨，而第三個把票投給反對黨嗎？

人口政策

如果我現在還主政，我會把嬰兒津貼定爲國人平均年薪的一倍，這筆津貼足夠應付孩子從誕生到至少進入小學的開銷。但這會大幅度刺激生育率嗎？並不會。在我看來，即使是巨額的金錢獎勵，對生育率還是起不了太大的作用。但我還是會堅持推出豐厚的嬰兒津貼，爲期至少一年，這純粹爲了證明我國的低生育率完全不關乎經濟或財務因素，如生活費高漲，或政府沒爲家長提供足夠援助等等說法。生育率下降，是因爲生活方式與思維觀念已經不一樣了。如果我們已經無法在獎勵方面再多做些什麼來鼓勵國人生育，那就得實事求是，問問自己還有什麼其他方案，才能制止這個社會在幾代人時間內就漸漸消失。

一九五九年，我剛當上總理的第一年，新加坡共有六萬兩千個嬰兒誕生。五十年之後，情況完全逆轉。居住人口翻上一倍多，但嬰兒人數卻驟降。二〇一一年，只有三萬九千六百五十四個嬰兒誕生。平均生育率從一九八〇年代末的幾乎二·〇，下降到二〇一〇年的一·一五新低，而人口替代水準應爲二·一。每逢農曆龍年，生育率總會小幅上漲，但縱觀過去三輪龍年，分別是一九八八年、二〇〇〇年、二〇一二年，生育率增幅卻不斷縮小，與總體生育率下滑的趨勢相吻合。

無論以什麼方式來劃分我國人口結構，所得出的數位都在不斷地縮小，哪一組人口都好，生育率都在下降。根據二〇一二年的初步統計，華族總生育率是一．一八，印族一．一四，馬來族一．六九。這意味著，如果我們什麼也不做，華族與印族人口會一代代減半，馬來族人口則是代代縮減五分之一。愈來愈多國人選擇不結婚或遲婚，不生育或少生育。已婚婦女當中，年齡介於三十歲至三十九歲的，子女平均數十年來從一．七四降至一．四八。四十歲至四十九歲已婚婦女，子女平均數從原來的二．一七降至一．九九。單身者則穩健上升，三十歲至三十四歲的男性人口，單身者多達四五．六％。同齡的女性人口有三二．三％單身。

以目前的生育率看來，如果不引進外來人口，年輕人口在一代人時間內將更難以承擔人口老化所帶來的負擔。勞動人口相對於六十五歲以上的老齡人口比率，會在一代人時間裡，從二〇一二年的五．九，縮減到二〇三〇年的二．一。也只有大熊貓在替代問題上跟我們陷入相同困境，但起碼大熊貓不必擔心有沒有足夠資源確保老熊貓得到妥善照顧。

有些人甚至非議，是政府在七〇年代大力推行「兩個就夠了」節育運動，才造成我國今日的困境。眞是荒謬之極。生育問題並非我國獨有。生活方式的改變放諸世界都是一樣，從日本到歐洲皆是。一旦婦女受教育，有了平等的就業機會，她們就再也不把生兒育女、照顧家庭視爲首要任務。婦女要像男人一樣充分發展事業，要更多閒暇時光，到處旅遊看世界，不想受子女所牽絆負累。現在的婦女在經濟上獨立得多，對是否成家、要選擇怎樣的對象，有著全然不同的要求。我們不可能讓時光倒流，除非不再讓婦女受教育，但是這麼做根本毫無意義。

許多西方國家漸漸開始接受同居文化，或承認非婚生子女。這麼做也許有助改善生育率問題，也能爲嬰兒創造更大的空間。即使是亞洲社會，未婚媽媽也不再那麼受歧視。實際上，有些社會甚至爲單親媽媽提供額外幫助，這無意間卻有效地鼓勵了不婚現象。新加坡在這方面還是一個非常傳統的亞洲社會。雖然同居現象開始普遍，但是非婚者有子女的例子還屬於少數，畢竟還是擺脫不了社會禁忌。如果社會規範改變了，生育率是可能有所提升的。但我預見社會規範在這方面的改變將會非常緩慢，而政府不可能反而走在人們前頭。何況非婚生子女一旦增加，也會帶來其他社會問題和挑戰，就像其他有較多單親家庭的社會一樣。

新加坡人對引進外來人口的做法有著強烈反彈，但政府幾乎是無計可施才出此下策。處處見到長相、口音、行爲舉止與我們不太一樣的人，自然會讓人不自在。我也寧可多看熟悉的臉孔。但是，我們願意生育嗎？我們是要面對現實，認清引進新移民是個必須接受的現實；還是要任由新加坡持續萎縮、老化、失去活力？

移民政策面對三重局限。

首先，引進外來移民的步伐不應超出政治上所能承受的水準，否則會引起民間反彈，結果得不償失。究竟需要多少移民，社會必須達成共識。以目前的情況來說，也許一年引進一萬五千到兩萬五千名外來移民，會是個大家都可接受的水準。若是再少一點，從資料上看，實在無法在現有的生育率基礎上制止人口繼續萎縮。不過，一旦政府成功讓國人充分意識到問題的嚴重性，足以發動全民共同克服困境，外來移民資料理應逐步增加，尤其未來人口老化的衝擊愈來愈顯著時，更需如此。

其次，就算國人最終願意包容更多外來移民，社會對容納外來移民總還得有個限度，超出了這個限度，本地原有的文化和精神面貌就會顯著受外來因素所影響，而這正是我們最不希望看到的結果。當移民人數相對於本地人口尚屬少數，他們自然會更主動與本地人打成一片，融入本地現有文化。這個融合過程即使無法在第一代移民身上完成，也會通過移民的子女來完成。而一旦移民人數達到臨界點，他們會渴望凸顯自我，繼續保有獨特性。而且，如果移民人口夠多，他們甚至能強力改變本地的文化。說句實在話，縱然有再多的不願意，某些改變還是正面積極的。但如果我們眞的允許自己走到那個地步，對於移民文化要如何去蕪存菁，哪些成分値得汲取、哪些成分又應該排除，我們恐怕也管不來了。我們已經看到這些文化中一些負面元素的明確例子。打個比方，新移民原來的居住國也許是個相對單一的社會，不習慣與不同種族的人毗鄰而居。又或者，新移民原來居住的社會有多層階級之分，有別於新加坡社會的無明顯階級觀念，人與人之間的相處方式也會有所差別。新移民潛意識裡的社會態度未必能全然融入新加坡原有的社會標準和行爲規範，難免引起摩擦。我們必須避免讓這些外來的社會態度侵蝕本地原有的生活方式。

最後一點是，實踐經驗證實，這些新移民並不會顯著地提高我們的生育率，因爲他們也和新加坡人一樣不願意多生育。新移民是替代我們所缺的年輕人口，但他們所生育的下一代，也一樣不足以替代他們上一代的人數。所以，一代代引進新移民，對人口問題不過是權宜之計，始終無法長遠地從根本解決問題，只能永無休止地引進一波波的新移民。要改變這場遊戲規則，我們眞正需要的是改變觀念，多生兒育女，換一種方式過日子。

儘管移民政策的局限清楚地擺在眼前，我們必須明白，短期內沒有其他可行的方案。我們必須以開放的胸襟看待新移民所帶來的多元面貌。如果在學校、在工作場所，能把這多元關係處理好，有助於我們開拓視野，促進思想交流。永久居民都可能成爲公民，只是現階段，也許我們國家或他們自己尙未就成爲公民與否做出最後決定。我們應該逐步幫助他們融入，使他們認同我們的價值觀和社會規範，讓他們成爲潛在公民。至於外籍勞工，我們感激他們在協助建設與改善新加坡發揮了積極的作用，但他們會在工作幾年後就離開新加坡，並不會進一步加重我們老化人口的負擔。

我有七個孫子，全都是二十來歲，至今還沒有一個成家。我想他們恐怕都要過了三十歲才結婚，但到了那個年齡也很難再多生育了。在他們同一代人當中，這樣的選擇相當普遍。很不幸的，每一個人都根據自己的周詳盤算、自我人生觀和世界觀做決定，整個社會卻也同時正向危險邊緣漸行漸近。對新加坡來說，後果將非同小可。世界上可有任何國家在人口萎縮的同時還繼續繁榮興盛？如果要我說出哪個問題對新加坡的生存威脅最大，我會說是人口問題。這個問題我無從解決，也早已放棄。我已經把這個工作移交給下一代領袖，也只能希望他們或未來的接班人最終能找到出路。

§

Q：你認為目前這一代領導人有辦法解決人口問題嗎？

A：這你得問他們了。他們還能做什麼呢？副總理張志賢提出人口白皮書，再多等幾年吧，讓白皮書付諸實行，再來看看那些措施是否奏效。你有什麼想法也請告訴我們。如果實際可行，我們會把它納入計畫中。得從本質上徹底改變生活方式。德國人也不生育，所以土耳其人進來接替了德國人的工作。亞洲四小龍，沒有一個達到人口替代水準。只有美國人還好，但我想拉丁美洲人繁殖得比白種人來得快。至於中國，推行的是一胎化政策，他們很快會發現，獨生子女得一人獨自奉養祖父母和外祖父母四個老人，必定後悔莫及。

Q：我們可否仿效斯堪地納維亞國家的模式，在幼童入學前給予廣泛支援，例如提供托兒設施，以協助家中有年幼孩童家長減輕負擔？

A：行不通的。我說過了，斯堪地納維亞國家的社會作業模式就像部落族群，隨時願意相互分享資源。我不認爲我們應該像他們一樣向人民徵收重稅。即使爲托兒服務提供大幅資助甚至全額資助，也很可能對生育率起不了任何作用。

Q：另一個跟生育相關的課題是住房。有個說法是房價太高了，人們的收入有大半用來償還房貸，養家餬口就更不容易。再加上現在的組屋也愈建愈小。

A：土地有限。就如我所說，這涉及生活方式的改變多過於這些因素。過去人民生活環境更爲擠迫，卻生育更多孩子。

Q：你可以將房子建到五十層樓高。

A：許文遠說的想必你讀過了。這事由他掌管。他說過，會在接下來幾年內解決問題。但並不是房子愈建愈大就能解決問題。你說，建高些；但是樓層愈高，電梯也愈貴，維修費、裝置費都會增加。

Q：我們必須想辦法拉低成本。

A：不，我們必須想辦法讓家庭有更多小孩。房子更大更便宜，無疑地大家很滿意，可是到頭來還是只會生一個小孩。問題在於生活方式。已婚夫婦至今還是無法自我替代。接近了，可還是達不到二．一的替代水準。而考慮到三十歲出頭的女性，三人中就有一人未婚，已婚夫婦其實生兩個還不夠，需要生三個寶寶，才足以補足單身男女的替代率。

Q：在我看來，大部分單身人士其實都想結婚。只是不知什麼原因就是找不到合適的結婚對象。

A：「不知什麼」的原因就是，他們想要過舒適的生活。這些人養得起自己，可以慢慢等待理想男人出現，這個男人最好賺得比自己多。如果這個理想男人不出現，她們就寧可不結婚。

Q：目前接受試管受精可享有津貼。我們是否應該考慮增加人工受孕津貼？尤其因爲現代人愈來愈遲婚，在生育方面會更需要最新醫學技術來輔助。

A：這麼做的話會有風險。可能引發各種複雜的狀況，例如增加多胞胎機率、高齡母親、嬰兒可能早產。也得注意求取平衡，我們可不想鼓勵人們遲婚，讓人誤以爲有了人工受孕術，也能解決生兒育女的問題。

Q：假設移民浪潮有朝一日眞的改變了新加坡社會，什麼樣的改變最讓你憂心？

A：那得要看是哪些新移民。

Q：如果大部分來自中國呢？

A：不是中國而已，而是中國的各個不同省市，在這裡形成一個多語言社群。的確，他們都會說華語，但全來自不同背景，都必須調整自己融入新加坡社會。不過，一旦他們成爲大多數，或許就會改變我們。

Q：既然大多數新加坡華人都源自中國南方省份，我們可不可能也多引進南方人？這樣是否行得通？其實有些人注意到，比如來自福建的移民，要比來自北方省份的移民更容易融入本地社會。

A：這不行，我們不可以憑省份引進移民。主要考量應是：融合度、對經濟的貢獻、資歷。一代人之後，他們會改變的，他們的下一代會成爲新加坡人。我們要的是資質才能最優秀的人，而不是因爲他是福建人或廣東人。

Q：移民政策也影響了本地的種族結構。

A：是的。我們也很努力在維持種族結構平衡。畢竟大家長久以來都能互相包容、融洽相處，而一旦任何一個族群忽然湧來大量新移民，影響了原有的結構平衡，麻煩就來了。其實這個問題現在已經開始浮現了，印度人人數正漸漸追上馬來人。光是公民人數還不至於，但連永久居民算在內的話就幾乎趕上了，原因是我們引進許多尖端資訊科技人才，本地共有四所印度人學校。這個現象確實讓人不安。

Q：印度人人數會不會有一天超越馬來人？

A：不會，絕對不會。我們不會讓這種情況發生。

經濟

新加坡是個非常開放的經濟體。打從新馬分家那一刻起，我們就淪爲被切割在外、與腹地斷了紐帶的港城，注定只能藉著與世界各地建立廣泛聯繫才得以生存發展。正因爲與世界相通，我們才能夠乘著二戰之後席捲全球的快速成長勢頭取得繁榮。根據世界貿易組織提供的資料，新加坡今天的貿易總額占GDP四一六%，比鄰國馬來西亞（一六七%）與印尼（四七%）要高出許多，也超越了其他在現代化發展初期、以出口導向為策略的亞洲經濟體，如台灣（一三五％）、韓國（一〇七％）和泰國（一三八％）。唯獨香港（三九三％）在經濟上的開放程度及得上新加坡，但也只有在把香港與中國內地的貿易往來也視為外貿，香港才能有相等的成績。

正因為新加坡十分倚賴這些全球聯繫，致使我們對世界其他角落的任何風吹草動、或不在自己控制範圍內的事愈發敏感和顯得脆弱。為了避免依附於任何一股單一的外在勢力，我們只能盡可能多邊押注、分散風險。但打個比方說，一旦經濟放緩影響世界各主要經濟體，那就別指望新加坡還能全身而退。同樣的道理，如果西方已開發國家經濟體每年取得二％至三％成長率，而中國成長達七％或八％，新加坡的情況自然也不會太壞，平均可取得二％至四％成長。

萬一東南亞局勢動盪，我們也會跟著遭殃。跨國企業會唯恐整個區域不穩定而撤資或延後注資。還好現階段來說，這樣的可能性不大。馬來西亞看起來一切安穩；印尼也早已不再遵循蘇卡諾時代咄咄逼人的強硬路線；緬甸正在逐步開放；泰國一直都是個自由市場。東南亞區域一片風平浪靜，此番好景如果能持續，新加坡自會從中獲益。

新加坡國內局勢也得要持續平穩才行。如果走回上世紀五〇年代的老路，華校生和工人靜坐罷工，處處張掛著布條標語，反覆彰顯政治鬥爭意識和社會潛在矛盾，那跨國企業該往哪裡投資？外資怎麼還會要到這裡來？工業關係目前還算是平靜的，一如過去幾十個年頭；這得歸功於蒂凡那等第一代工會領袖的努力，他們不只為工友爭取福利，更關注社會大眾的福祉。那一代工會領袖總有辦法低調而有效地化解紛爭，不對國家大局或基本民眾服務造成任何損害。對跨國企業來說，工業關係穩定，絕對是吸引他們前來投資的主因之一。為了鞏固勞、資、政三方體系，我們總會委任一位工會領袖入閣。而勞資政三方相互理解體諒的關係一旦動搖，新加坡的處境也必然岌岌可危。

最後，我們得時時保持競爭力，靈活且迅速地因應新的實際情況。我不能斷定二、三十年後的新情況將是怎麼樣，但我們在過去幾十年奠下了很好的優勢：勞工受過良好教育並以英文為第一語文、華文為第二語文；法治制度完善，尊重智慧財產權；各個領域都隨時準備引進最新科技；政府清廉且高度透明，並時時創造利於經商的環境。

遺憾的是，隨著經濟持續成長，所得差距也日益擴大。這並不是新加坡獨有的現象。如今身處全球化世界，競爭的結果只能是最底層的收入愈壓愈低，而最頂層人才因爲流動性高、繼續受全球競相招攬，收入也更多。就新加坡在這方面的表現來說，確實比我們面對的批評好太多了。大家都爲歐洲社會的福利制度津津樂道；那麼究竟歐洲有哪一個城市能做到爲全國超過八成的居民提供公共住宅，而且絕大多數人又能擁有自己的房子？

當然，我並不是說我們就應該爲此而沾沾自喜。政府必須認眞處理所得差距的問題，否則新加坡難以上下一心。問題在於，我們該怎麼做，才不會傷害整體的競爭力？

我反對過度干預自由市場作業，因爲這麼做會扭曲自由市場的潛在誘因與效率，一旦根深柢固就難以還原。一個例子是，爲最低工資設定底限。比較有效的方法是，讓自由市場自行運作，達到最理想的經濟產量，政府最後才介入，向富人徵稅，救濟貧困者。新加坡在某個程度上是在這麼做。其實富人向來都在承擔大部分稅務，這包括個人所得稅、消費稅、房地產稅等等，幫助提高國家稅收，政府才能通過消費稅回扣、水電費回扣、申購組屋津貼、就業入息補助金等等各種各樣的現有計劃，實踐財富再分配原則。不過，我們得謹愼行事，避免過度增稅，否則有能力移民的富人將紛紛遠走他鄉。早一代的人早已根植新加坡，也許大多數人還是會願意留下來。年輕有爲的一群可不這麼想，畢竟大同世界機遇處處，移民的誘惑恐怕更難以抵擋。

也有人認爲，外籍勞工近十年來大量湧入，拉低了新加坡低技能員工的工資水準，導致所得差距進一步擴大。我不否認在一定程度上的確如此。然而，新加坡的現實情況是，如果我們不引進外勞，中小型企業遲早會垮；這些中小型企業占GDP近乎一半，同時爲就業市場製造多達七成的工作，一旦垮台，對本地低薪勞工的衝擊肯定更大。當然，我們引進的外勞也確實達到了臨界點，不只引起人民的不滿，也找不到足夠地方爲外勞提供住宿。政府近年來的確開始收緊外勞人數，但權衡的標準依然沒變——過度收緊外勞政策必定會拖慢經濟成長。其中微妙的平衡點，不一定能讓民衆所接受，畢竟討好的措施總是比較受歡迎，這也是可以理解的。但政府絕對有責任繼續把關，確保經濟能持續健康穩妥。

Q：談到經濟發展，我們可需要在策略上進行哪些調整？

A：可調整的策略包括加強國內消費。但新加坡人口那麼少，國內消費起不了太大作用。中國和印度都可以刺激國內消費。我們不可能。

Q：接下來還可能有哪些領域是値得我們重點發展的？就好比過去的生命科學領域。

A：也許吧。但必須對這個領域的發展潛能以及持續發展的前景有相當的把握與信心，同時還得確保領域裡有足夠人才。

Q：生命科學領域的大躍進，也是因爲我們之前已經有了十足信心和把握？

A：不，恐怕我們還只是走出了一小步而已。我們培訓了更多博士推展生命科學研究與開發，但要從建立研究實力到取得經濟回報，還有一段很長的路要走。

Q：在提高生產力方面，我們還落在許多已開發國家後頭。以製造業和服務業來說，新加坡的生產力只達日本和美國的五五％至六五％。

A：因爲我們還有大量外來移民不會說英語，也難以順利融入勞動人口。他們當中有些只持工作證，並不打算久留，花個幾年時間把技能學上手了就離開。

Q：談到收入差距問題，儘管新加坡面對某些局限，我們能不能做得更多，來提升底層工人的工資水準？

A：其實不平等現象之所以產生，也因爲勞動人口最底層有大批中國和印度工人的供應來源，不是指這裡，而是指中國和印度。所以，除非你有一技之長，否則這個差距只會讓你更加處於劣勢。可是，你問問自己：如果政府大幅縮減外籍勞工，有多少中小型企業會遭殃？

Q：可這不就是一個先有雞還是先有蛋的問題嗎？正因爲聘請外籍勞工如此方便低廉，中小型企業很自然繼續倚賴外籍勞工。一旦來源收緊，公司就得被迫改變經營方式另尋出路。也許有些會撐不下去而倒閉，但爲了迫使經濟更能提高生產力，也許必須做出一些犧牲？

A：切斷外籍勞工來源，中小型企業會崩潰。

Q：那會是壞事嗎？會不會是一個必要的轉型過程？

A：中小型企業如果崩潰，我們也會流失超過一半的GDP。

Q：從某個角度看，政府不正在嘗試這麼做嗎？政府正在設法放緩外籍勞工的成長。

A：是的。但那是因爲人民對外籍勞工太多感到不自在。這麼做可不是爲了經濟。如果從經濟角度看，我們是應該繼續引進外籍勞工的。

Q：所以你認爲接下來會怎麼樣呢？我們開始收緊外勞人數，就必定意味著會流失一半的經濟所得嗎？

A：停止發放工作證給現有外勞，的確會造成經濟萎縮。但我們其實只是維持現狀，減緩新外勞進來的人數，不是完全制止。完全喊停的話，麻煩就來了。

Q：我們的稅率比起其他許多已開發國家都來得低，應該進一步提升嗎？

A：增稅幅度太大的話，會逼走很多最頂尖的人才。我們的人才已經不斷在流失了，許多學生到美國留學，學成後被大公司看上，從此就不回來了。中年以上的人會留下來，他們沒有選擇。可是中年以下的人有條件來去自如，他們會成批出走。新加坡少了最頂尖的人才，整個國家將不再一樣。如果沒有我們這一代人，新加坡不會有今天。是吳慶瑞、拉惹勒南和林金山，他們協助創建這個地方。換成是今天，他們恐怕已經遠走他鄉到美國微軟就職，從此不再回來了。

Q：但你和你那一代領袖在世界最好的大學學成後，不也決定回到新加坡？怎麼年輕一代的新加坡人就沒可能也受到使命感召喚，選擇回國服務？

A：我的那一代人……在英、美完成學業後是不准留下來的。

Q：你沒想過要留在英國當律師嗎？

A：不，我會討不到生活。我沒在英國執業過，是回來後才在這裡開始工作。

Q：李顯龍總理那一代人呢？我要說的是，回不回國，經濟機遇也許不是唯一考量？

A：當然不是。會讓他們回國的原因只有一個，就是父母。

Q：那當然是主因。但是難道就沒有愛國情懷嗎？或者，要回來爲國奉獻的某種使命感？

A：你在說的是一個全球化的世界啊。整個天下是他們的舞台。

Q：也許新加坡在這個大舞台上始終占據了一個特別的位置？

A：不。過去的世界還未全球化，如今已經全球化了。

Q：你可留意到最近因林崇椰教授的言論而引發的一場討論？他主張展開另一次工資革命。

A：林崇椰是個學者，目的在於激發討論。他可有具體計畫，說：「認眞要做的話，要這麼執行」？總理和部長都不把他的話當眞。有個部長回應了他，他承認自己不過是把球踢出去等人來追，而不是自己帶球直搗龍門。

Q：他沒法帶球跑呀，他的位置做不到。

A：不是的。如果他有周詳的計畫，大可具體地列出：第一步、第二步、第三、第四、第五步，攻破龍門。

Q：隨著我們漸漸轉型爲知識經濟，可不可能因此而愈來愈仰賴創新，以及像推特和臉書這類改變整個遊戲規則的玩意兒？

A：不會的。要等多久才可能等到一個比爾·蓋茲出現？新加坡人口只有三百萬。中國有十三億人，但論創意還比不上美國人。印度也是。爲什麼呢？那是因爲自清教徒移民美國之後，美國就吸引了頂尖人才不斷湧入，現在已是世界各地高素質人才的聚集地。

第 7 章

中東 Middle East

春殘無夏

當轟轟烈烈的所謂「阿拉伯之春」終於塵埃落定，也許世界總算恍然大悟，其實這個區域的治理和制度也沒因此而歷經多大轉型。看似出現好些戲劇性變化，在新聞記者筆下更是成了風起雲湧的革命浪潮；但要在幾十年後再拿起廣角鏡回顧這段期間所發生的事，我十分懷疑，這段時期是否眞有哪一場革命，眞正促成阿拉伯世界實質而永久走向民主治國。比較可能出現的結果反而是，這些民主試驗大多數不會長久持續。如今有好幾個國家正朝一人一票制度蹣跚前進，但預料過不了多久，也都會一一打回原形，回到一人專政或陰謀集團主政的體制。換句話說，春之後，夏、秋、冬接踵而至，自古以來皆如是，日子還是要繼續。

歷史上，中東世界沒有憑著人數多寡來做決定的。打從遠古的伊斯蘭教時代，到比較近代的殖民統治，到後殖民時代民族主義運動興起，這個地區從來就沒有民主傳統。當年英、法保護領地分裂爲各個獨立國家之後，全都演變成一人專政體制。這不是巧合，而是有著根深柢固的社會文化因素。

當然，有人會說，民主主義在人類史上還算是個比較新穎的概念，總得要有個起步吧；其他許多地方，包括好幾個亞洲國家，民主也是在缺乏傳統背景的情況下開始萌芽紮根。或至少看起來是如此。但較之這些地方，中東還有個重要區別：除了不曾有過代議政治的實際經驗，中東也缺乏某些必要的社會元素，去建構一個讓民主主義足以萌芽紮根的堅實基礎。

首先是平等公民權。意即你我即使在財富、社會地位、成就、體質和智力等方面有差別，只要同爲一國子民，我們還是平等的。凡國家賦予任何公民的權利與義務，你我也都共同享有、共同擔當。法律上你我平等，道德上亦然。平等公民權，這是發展實質民主程序與體制不可或缺的前提條件，不光是在知識界和進步圈中受到認可，還必須能深入社會民間。

但我們在中東許多地方看到的卻是部落或封建制度。沙烏地阿拉伯的部落領袖每年都必須給國王進貢，就像中國古時候那樣，國王會回賜更厚重的禮物。平民百姓效忠的對象是部落而不是國家，因爲國家的概念根本不存在，更談不上忠於公民同胞。幾年前我曾跟一位剛完成任期要離開沙烏地阿拉伯的美國外交官交談過，他也同意我的看法。他告訴我，沙烏地阿拉伯奉行的是封建制度。利比亞同樣算不上是一個全民團結的國家，而是由無數個部落湊合而成，更有地方主義因素作祟。在這些部落國度裡，一個政權垮台後，有可能導致政治規則出現顯著改變或重新整頓——誰說了算。可是民主體制終究還是難以生根，因爲政治體制的基本單位由始至終都不是公民，而是部落。

觀察家指出，其實有些阿拉伯政權已經稱得上是現代定義的國家，其中又以埃及、摩洛哥和突尼西亞最爲突出。但即使是這幾個國家，也還缺乏了第二個同樣重要的元素：民主體制要趨於成熟，要讓公民不單能接受革命以後的首屆大選的結果，還要接受接下來每一屆大選結果。這個元素，我稱之爲：讓經濟眞正發展起來的「資本」。

這些國家之所以缺乏這方面的能力，是因爲它們始終不讓婦女走到前線。阿拉伯世界是個男人主導的世界，不容許婦女接受同等教育，進而對社會做出與男人同等的貢獻；而這又恰恰是各國釋放潛能並促進經濟現代化所急切需要的。他們時常尋找各式各樣的藉口，抗拒這方面引發的問題。也正因爲母親跟孩子相處的時間往往比父親要多，教育水準不高的母親自然也會傾向於只能教出教育水準不高的孩子，這個問題於是代代相傳、世代延續。反之，如果能有一整代的母親受過良好教育，那所教育出的一整代年輕人，自然也會擁有不一樣的態度和世界觀。

雖然有些中東國家也讓婦女上大學，而且與男生比例幾乎相等，但是這些婦女要在各方面發揮潛能，仍得面對重重障礙。婦女往往不獲准報讀熱門科系如理科、工程系和法律系等等，也總被定型為只能從事教書等傳統觀念裡較適合女性的職業。男女畢業生人數也許不相上下，但在許多中東國家，眞正投入工作的婦女，仍遠遠不如男性。即便能順利進入職場，婦女也經常會受到各種歧視，從不平等工資待遇到性騷擾現象都有。再加上日常生活上的種種不便，好比限制婦女單獨乘搭大衆交通工具，社會對婦女婚後不待在家中相夫教子不予以諒解等，許多婦女不堪折騰，最終選擇放棄。

沒有眞正的經濟發展，新上台的民主政權是不可能長久持續的。對街頭巷尾的平民百姓來說，無法換來實質成果的民主，還能有多大存在的意義？不外是每隔一段時候排隊輪候，只為了在一張小紙卡上打個勾。一、兩屆選舉之後，隨之而來的難免是對民主制度的幻滅，然後要求回歸某種形式的專政體制。在埃及，首次主政的穆斯林兄弟會[1]似乎明白這是當務之急，派遣代表團到其他國家去取經，學習如

1. 二〇一三年七月二十三日，代表穆斯林兄弟會的埃及總統，被埃及軍方廢黜。

何推動經濟發展。這顯示了他們認眞想把國家搞好。但會成功嗎？需要鑄就的改變太根本，實現這些改變的時間也太倉促。在大刀闊斧促成種種變革之際，他們還得面臨舊政權遺留下來的舊元素所形成的重大障礙。就說民事服務好了，原任總統穆巴拉克的舊班底無處不在，而這支舊班底的勢力不可能從新體制中完全撤除，若要把民事服務制度完全廢除之後重新建立，整個體制根本就不可能運作。

當世界走向全球化，中東各國政府知道自己終究必須隨著時代的腳步前進，哪怕速度緩慢。沙烏地阿拉伯奉行的是一套以伊斯蘭教爲基礎的社會結構，婦女至今在公共場所還是必須身裹長袍頭戴面紗，也不准駕車，公共場所男女隔離。但即便在這麼一個傳統社會裡，情況也在改變。例如，二〇〇九年創建的阿卜杜拉國王科技大學（The King Abdullah University of Science Technology），等同於一個極度保守國度裡的一片自由領土。這所大學聘請了新加坡國立大學前校長施春風教授出任首任校長。在校園裡，男女生待遇相等，像在西方社會一樣一起學習、生活。這是一大躍進，但我不指望這所大學的畢業生會改變整個國家；單憑幾個受過良好教育的青年男女才俊，並不足以改變整套封建體制。這套封建體制，關係到阿拉伯世界勢力最強盛、思想最保守的瓦哈比教派神職組織。瓦哈比神職組織的權勢建立在與王室之間的共生意識上：王室掌管國家的財富，而神職組織在一切與宗教相關的事務，掌握了幾乎絕對自由的統治權。但見過阿卜杜拉國王後，我相信沙烏地阿拉伯王室也十分清楚，不可能讓國家繼續凍結在某個特定時代。王室會允許進化，改變是免不了的。但會以什麼樣的速度改變，我還眞是說不準。也許阿卜杜拉國王科技大學裡的社會準則會影響校園附近的整個鄰里，進而帶動整個城市。

可是現階段看來，中東地區的長期前景看似充滿動盪起伏。當前對投票制和選舉制的試驗進入尾聲，隨之而來的問題是：如何推動可持續成長，爲三億五千萬人口創造良好就業機會。其中的矛盾再清楚不過：這個地區按理說是天然資源最豐富的區域，但是其中好些地方卻始終維持在蟄伏狀態。

中東國家面臨的眞正挑戰是：一旦這些有限的資源消耗殆盡，它們該如何讓自己繼續在世界上有存在的意義。這些國家必須從石油財富主導的經濟體，轉型爲更可長久持續的經濟模式，而且必須在幾十年內完成轉型。它們必須加速提高自己的表現，在金融、航空、旅遊、消費產品等非採掘工業建立起競爭優勢。一個做法是，把青年才俊送往歐美城市各個工業領域工作，好讓他們回國後也在各個相關領域建立實力。遺憾的是，石油財富容易把人慣壞，這些人總相信目前擁有的一切是世界欠他們的。政府必須設法讓人民行動起來，擺脫這種令人衰弱的倚賴感；這絕對是項吃力不討好的工作。政府必須說服人民，即使把所有的石油利潤另設一筆特別基金然後審愼投資，石油財富仍不可能永久持續。這是中東各國政府最爲艱難的任務。

幾年前，有個中東國家派了一些學生到新加坡進修，以爲可以改變這些年輕學子的想法。這種情況終究沒有發生。這些年輕人到這裡來不是爲了學習我們的文化或職業理念。他們來這裡是爲了尋歡作樂。新加坡對他們而言是個新奇的地方，他們心裡想著：「好好享受了才回去。」當你認定自己家財萬貫等著你揮霍，怎麼還會想要工作？

中東絕對是個値得一遊的美麗地方，有著豐富的文化，以及源遠流長的歷史。幾個與南歐毗鄰的國家，例如摩洛哥與突尼西亞，要比其他中東國家來得先進，也相對更開放。

伊朗國王巴勒維還未被推翻時，曾經邀請我到伊朗訪問。我受邀入住沙王的其中一座宮殿。至今還記得那些地毯，紡織得如此精細，如果地毯是我的，我一定把它掛在牆上。不過在宮殿裡，這些地毯全鋪在地上讓人踏過。伊朗的織工多的是。

後來輪到巴勒維國王訪問新加坡，他送給了當時的總統薛爾思一張大地毯，送我一張小地毯，兩張地毯都是絲質的，圖案也相同。給我的那一張，現在在兒子的屋裡放著。這張地毯是鋪在地上的，但他們是赤著腳才踩上去，而且地板是乾淨的。

我最熟悉的中東國家是埃及。當年總統納瑟（Gamal Abdel Nasser Hussein）邀請我訪問埃及時，我也曾在法魯克（Farouk）國王的其中一座宮殿住過。納瑟是個生活簡樸的現代主義者，雖然最終他並沒有成功解放人民。他在蘇聯的協助下，興建了亞斯文水壩，以控制洪水與發動電力，在當年算是一項了不起的成就。他們用納瑟的其中一架私人專機把我送到水壩一帶住了幾天——一個氣候全然乾燥的地方，四周萬籟俱寂。我想，到戈壁沙漠或大峽谷去，可能也會有相同的感受吧。唯一不同的是，走出戈壁沙漠，馬上就置身繁華喧鬧的社會，處處充滿忙碌的氣息；而一離開大峽谷，絢爛的美國夢，就在眼前鋪展開來。

§

Q：你對中東似乎並不樂觀。那土耳其又怎麼說呢？這算不算是一個既屬伊斯蘭教、又同時實施民主主義並向世界開放的國家？

A：不，我並沒說伊斯蘭教國家就缺乏治國能力。鄂圖曼帝國就非常成功，而且全是伊斯蘭教主義者。土耳其其實不能算隸屬阿拉伯世界，他們是土耳其人，他們反而更像是鄂圖曼人，自視爲阿拉伯人的征服者。他們比其他中東人有更好的表現，就因爲他們受教育更高。

Q：再來談談「阿拉伯之春」及這場運動對地緣政治帶來的衝擊。有些人認爲穆巴拉克（Hosni Mubarak）總統向來親美，美國卻太急於棄他而去。有評論家因此指出，這再一次顯示不可把美國當朋友或盟友。

A：美國怎麼可能救得了穆巴拉克？派兵嗎？這可是一場內部反政府鬥爭啊，美國若試圖介入，埃及人民就會當街焚燒美國國旗。所以並不是有美國做靠山就萬無一失。台灣也許是例外，中國意在收復，無奈美國第七艦隊在台灣和中國大陸之間的台灣海峽駐守著。但即使如此，這個情況也並非永久不變。

Q：在你看來，「阿拉伯之春」所產生的地緣政治後續效應，美國整體來看是贏家還是輸家？

A：兩者都不是。美國在中東地區的影響力，無論如何已經大不如前，原因是美方所支持的政權一個接一個失去權力基礎。但我相信，新上台的強人過一陣子會需要美國數十億元的經濟援助來搞好國家。所以美國人或許會回來。無論如何，經濟援助都是新政權解決財務困境必須爭取的。

Q：既然如此，你會怎麼看中東地區列強之間的勢力變化？中東是否會繼亞洲之後成爲中、美兩國的競爭舞台？

A：誰才是這個地區的列強？唯一有意願也有能力在中東稱霸的，就只有伊朗。中國到不了那裡，太遠了。美國會發現自己的國旗被焚燒，大使被殺害，在利比亞就是這種情況。

Q：所以在你看來，美國對中東失了興趣，也失了影響力？

A：不。美國永遠都會對中東感興趣，因爲這裡有豐富資源。美國聲稱在境內找到頁岩氣，從此在能源方面自給自足。但許多國家並沒有頁岩氣，而石油會繼續是重要商品。飛機也好、輪船也罷，大多數交通工具都少不了石油。

Q：中國一定也想插上一腳？

A：是的，但他們離得太遠了，很難在那裡發揮影響力。中國人會到那裡投資，採掘資源。他們也在非洲這麼做。他們建大會堂、宮殿，以示善意，以換取更多石油和其他主要資源。

Q：你認爲美國該如何制定一套較能持續的中東政策？

A：靜觀其變，看看誰上台主政，設法和他交朋友。

Q：即使是伊斯蘭教政黨？

A：再過不久，的確會是這樣。

§

以色列和巴勒斯坦之間的衝突，是困擾著中東地區的最大問題，它形同一個除不去的瘡，不斷在流膿。要終止衝突，非得達成「以巴兩國」協議不可：一邊是以色列國，一邊是巴勒斯坦國。巴勒斯坦國也必須在經濟和政治上都有獨立生存的能力；唯有讓巴勒斯坦人感受到他們也有機會在自己的國家裡取得成功，他們才會爲了各自的既得利益，力求爲這片長久動亂的土地捍衛和平。

因爲猶太族群說服美國採取親以色列政策，以色列領導層所展現的強硬路線，一直受到默許。這個現象對以、巴之間的和平進程，可能形成無可逆轉的負面影響。一個例子是，以色列在占領區不斷擴建猶太人定居點，等於慢性併呑未來任何以巴協議中，理應歸還給巴勒斯坦的領土。以色列極端保守派相信，擴建定居點，有助於以色列趨近歷史所劃定的合法邊界。這個領土邊界，是以《舊約聖經》的記載爲依據，他們相信收復聖地是上帝的意旨，不可違抗。擴建定居點使原來已經很複雜的現狀變得更加棘手，使未來任何可行的協議變得更加遙不可及。

猶太復國運動初期，是英國在背後爲猶太人撐腰。英國支持猶太人在巴勒斯坦設立定居點，正是爲了促成猶太人最終能在這裡成立猶太國。一九一七年發表的貝爾福宣言，確立並公開宣示了這個立場。宣言說：「英王陛下政府贊成猶太人在巴勒斯坦建立一個民族家園，並願盡最大努力促使此目標實現……」此前，猶太人尚未大量湧入之時，巴勒斯坦內的猶太居民其實寥寥可數。至大屠殺發生，近六百萬猶太人被殺害之後，歐洲各國對猶太人的同情心達到頂點，也促使各國在政策上轉而偏向猶太人。而後大英帝國衰落，美國取而代之塡補權力眞空；一九四八年以色列建國後，美國成爲其主要盟友，此後長期爲以色列護航。

隨著時間流逝，永久化解以巴衝突的希望，看似愈來愈渺茫。聯合國曾幾次發表聲明，指以色列定居點計畫違反國際法，譴責這種行爲形同「逐漸併呑」。可是以色列卻等閒視之，深知沒有美國的認可，這類聲明起不了任何實質作用。假設，打個比方說，美國願意切斷對以色列的經濟援助（自一九四九年以來總值高達一千一百五十億美元），並宣布中止其他形式的軍事與政治支援，直至以色列停止定居點計畫，以色列就不得不採取行動做出回應。因此，美國如果不願意對以色列施壓，以、巴衝突就永遠看不到盡頭。

其實這種情況長遠來說對美國是不利的。美國做爲超級強國的整體信譽會因而受損，整個阿拉伯世界也會因此而群起與美國對著幹，這只會使美國在中東地區的外交政策目標更加難以達成。以、巴衝突也成了聖戰組織進行宣傳、招募年輕隊員時，信手拈來的最佳理由。這不光在中東各地如此，也蔓延到亞洲一些地方，電視上反覆播出巴勒斯坦人受欺壓的畫面，更是成了宣揚這一使命的最佳武器。

以、巴衝突在中東地區充滿暴力動亂的天羅地網之中，占據了中心點。它也像是國際世界的一顆腫瘤，一旦成功割除，其他許多問題也將迎刃而解，這將改變中東地區的政治氣候。以、巴和解雖未必是導致整個中東地區和平的充份條件，卻是必要前提。如果美國對尋求「兩國並存」和解方案秉持著更中立客觀的立場，抱持著更認眞的態度，會有更多阿拉伯國家，尤其是以遜尼派爲主的國家與社會，更願意公開支持美國在中東的政策。這才是美國在這個區域必須優先處理的事。

更想損害以、巴和解的一個國家是伊朗。伊朗政府一再承諾要摧毀以色列國，這個以什葉派占大多數的國家，必須藉著以、巴持續衝突，來與其他遜尼派阿拉伯國家相抗衡，爭取中東世界的霸主地位。遜尼派與什葉派分裂超過千年，由於伊朗對散居阿拉伯各國的少數什葉派信徒深具影響力，導致遜尼派阿拉伯國家對伊朗深感疑慮。埃及前總統穆巴拉克就說過：「什葉派的效忠對象永遠是伊朗，而非居住國。」海珊時代的伊拉克，是足以在中東地區與伊朗相抗衡的另一股勢力。而今權力平衡不復存在，但伊朗要在中東地區稱霸，美國就成了最大絆腳石。

伊朗的野心至少一部分源自於它的自我評估：一個有別於阿拉伯世界、唯我獨尊的文明力量。伊朗人對自己的歷史非常自豪。幾年前看到一位伊朗部長上英國廣播公司節目接受訪問時這麼回應：「在亞洲，其實也只有兩大文明值得一談：中國與波斯。」這句話恰恰反映了伊朗人的想法。他們眷戀有過輝煌歲月的王朝，所以更有覬覦之心。

這場地緣政治博弈，對世界和平有著深遠影響。伊朗看似野心勃勃、意圖發展核子武器，很可能激起一場核子戰爭，或至少掀起核軍備競賽。如果伊朗擁有核彈，埃及也會想要，他們很可能向巴基斯坦開口要。這麼一來，就有四大核子強國聚集一處——埃及、沙烏地阿拉伯、以色列、伊朗，整個中東地區會成爲高度危險區。這也會提高中東向世界其他地方，甚至向非國家組織輸出核子材料和能力配備的機率。

我不相信以色列能阻止伊朗發展核武。美國做得到，但必須準備發動一場地面侵略行動；而這個可能性近乎不存在，畢竟美軍剛從伊拉克脫身。由於存在可怕的估算錯誤，這意味著世界較不穩定。我們或許會見證本地區在二戰後率先動用核武器。

也許唯一值得安慰的是，萬一中東爆發核戰爭，核爆炸雲會籠罩大半個中東地區，也許還會蔓延到歐洲，但應該還不至於殃及東南亞，雖然我們還是難免會濺到幾滴。

§

Q：歐巴馬總統說過，他有意修訂政治捐獻法，避免擁有大筆資金的利益集團，勢力過度膨脹。這可能對美國政治內部動態造成任何改變嗎？

A：這是不可能發生的。即使他眞有心要這麼做，也難以爭取到參、衆兩院通過。

Q：歐洲國家愈來愈同情巴勒斯坦，這個現象會產生什麼影響？

A：同情心值何價？每一天，領土一寸寸被剝奪，這些同情心做了些什麼？

Q：談談伊朗和核武。你不排除伊朗如果擁有核彈，會先對以色列下手？

A：不排除這個可能性。

Q：但也有另一種說法認爲，伊朗具備核武，也許會比不具備核武變得更安全、更容易預測，也更容易對付；而一旦伊朗跨過核門檻，對中東地區也許不是什麼壞事。你怎麼看？

A：這是個安慰人的理論。但我會說，伊朗人的思維與美國人和俄羅斯人不一樣。他們會如此盤算：我攻擊你，你回擊，我再攻擊你，你再回擊。第一輪攻勢，然後是第二輪、第三輪，雙方同歸於盡，連帶一大片歐洲大陸也會被摧毀。以色列、伊朗和埃及可能冷靜思考嗎？這才是問題癥結。我們在談的，是一群自殺式炸彈引爆者，口口聲聲說：「沒問題，我大不了一死，只要能讓你們更多人一起陪葬。」我想任何情況都可能發生。

Q：這正是以色列針對爲何要對伊朗先發制人的辯解，以預先制止伊朗發展濃縮鈾，避免它進一步鞏固核能。他們說：最好是儘早發動攻勢，才能制止核彈爆發。

A：有一組人確實以這個爲理由，主張提前對伊朗發動攻勢。但這並不能解決問題。你能夠除去整個伊朗嗎？再過不久，他們會發展第二顆核彈，你再發動新一輪攻勢。但這一次，肯定會是深埋地底的。

Q：所以你並不看好以色列有能力制止伊朗發展核能？

A：當然，這是衆所周知的事。

Q：就這個問題，還可能有什麼最好的辦法？

A：這個問題得由美國的猶太人來回答了。最好的方法就是爲以、巴衝突尋找永久的解決方案。但一直到今天，這還是個解不開的死結。

§

除了攸關世界和平，中東局勢也會對商業活動產生一定影響，包括新加坡企業的生意。新加坡企業向來比較謹慎，近年來卻也開始進軍中東地區。對新加坡企業來說，這是個新市場，他們算是來遲了。新加坡人習慣與亞洲其他城市做生意，如中國、印度、東南亞各地，他們在這些地方具備明顯的競爭優勢。而中東，無論是文化、語言、地理位置，都不會是新加坡企業的自然選擇。但它們還是通過其他方法進入了中東，有些是和會說阿拉伯語的印度人合作。鼓勵在新加坡居住的阿拉伯族群多使用阿拉伯語，或許也有幫助。中東是個新興市場，新加坡人不應錯過，遲到總好過不到。

投資其他新興市場，一般得在投入許多年的資金和心血之後，才能開始看到回報。中東的情況則不太一樣，因爲這個地區非常富裕，回報很可能來得更快。難處在於尋找適合自己的專長和能力的適當商機，以及是否擁有足夠人脈促成交易。新加坡企業在一些規模較小的中東地區，如卡達和阿布達比頗有建樹，原因是這些小國的社會階層結構相對來說比較清楚。沙烏地阿拉伯的社會結構就複雜得多，王子公主等等逾百位，對市場新客來說可能不容易摸透。就算如此，沙特要著手發展面積達一億六千八百萬平方公尺的大都會「阿卜杜拉國王經濟城」時，也邀請新加坡在經濟城規劃期間結爲夥伴，並參與城中推展的幾個金融業項目。其實沙烏地阿拉伯近幾年來頻頻低調地派團訪問新加坡，經常不對外宣布。我們建構的一切，這麼一個整潔、安全、高效的城市，讓他們留下深刻印象。

可是中東也同時會是國際舞台上的競爭對手。尤其是杜拜，無論在航空業、旅遊業、金融業或會展業，都與新加坡陷入白熱化競爭。在馬克圖姆（Sheikh Mohammed Rashid Al-Maktoum）的領導下，杜拜已是今非昔比。很顯然的，阿拉伯聯合大公國準備投下大筆資金，將杜拜這個城市發展成中心樞紐，有能力與新加坡展開競爭。

阿聯酋航空公司（Emirates Airlines）國際機票的價格，刻意訂得比新加坡航空公司稍低，這已是公開的祕密。而在金融危機來襲之際，阿聯酋航空出手訂購三十二架A380型空中巴士，足見其資金之雄厚。當這些訂單全數到位，阿聯酋機隊就有超過九十架A380。新航目前只有十九架A380，另有五架還未到位。

倫敦港口發展計畫招標，杜拜也再一次出手壓倒新加坡。我們是在經過仔細盤算後決定不再繼續抬高出價。杜拜爲了贏得競標，展現了極大決心，敢於冒險。而我們則認爲世界還很大，必定會有其他機會值得發掘。

像中東與俄羅斯這類市場，對新加坡而言是具有戰略意義的。既然對世界如此開放，我們必須分散賭注，才能確保利潤不會中斷。對石油經濟體與非石油經濟體都做出投資，就等於多一重保障，讓自己更能抵禦國際市場週期性波動帶來的衝擊。

第 8 章

全球經濟

Global economy

何去何從？

資本主義制度並不存在根本的缺陷。儘管這樣的說法對一些人來說顯得愈來愈虛誇，這個制度卻無須摒棄或重建。

世界經濟在二〇〇八年遭全球金融危機猛力衝擊，人們在事後深思其導因以及該如何避免歷史重演，這一點也不奇怪。各界在災難後有一定的反思，是自然而能夠理解的。

然而，我們不該反應過度。一件事情剛發生時，人們總是過度重視它，特別是當事情讓他們感到震驚或十分憂慮的時候。二〇〇八年的危機正是一個例子。爲此摒棄資本主義制度，或者提議從此對自由市場採取嚴格的控制措施，都是一些錯誤、甚至危險的結論。這麼做等於玉石俱焚。

資本主義的反覆無常對我們來說並不陌生，從馬克思的時代便有詳盡的記錄。考慮商業週期的本質，我們能接受資本主義產能過剩的趨勢，因爲其中的利益遠大於成本。另一個選擇是約束性的措施。社會主義體系已在過去的一個世紀猛然發現這一點，而社會民主主義體系在某種程度上也有相同的領悟。

我們在二〇〇八年所經歷的全球金融危機，並沒有明顯偏離之前對自由市場的理解。當時，次級抵押貸款市場失衡的情況不斷加深。美國受到重挫，而全球經濟的互聯性也讓歐洲和亞洲受波及。但美國已從挫折中回彈，而世界經濟也隨著復甦。此次危機暴露了歐洲潛在的問題，而它需要更長的時間才能復原。這些問題涉及歐盟和社會支出，與資本主義無關。長遠而言，資本主義制度對世界更好，並會讓它的成長加快許多。這是因爲歷史已清楚證明，無論在哪一個社會，自由市場都是組織生產性力量的最有效方式。

促使美國陷入更深更久的金融和經濟危機的一個關鍵因素，也與市場無關，而是公共債務積累的問題。政府債務多年來得以不斷增加，導致人們在危機後對市場失去信心。這種對公共債務和開支的疏忽，甚至是漫不經心的態度，是政治領導，而非自由市場的失敗。

「大到不能倒」的效應，是人們對我們所認識的資本主義制度的另一個批評。大企業（尤其是銀行）是否眞的能仗著政府害怕它們倒閉殃及國家經濟的心理而屹立不倒？批評者指這將引發道德風險——這些大企業知道自己就算失敗，也有納稅人來承擔後果，而成功則會帶來巨大的利潤。這將誘使它們去冒不該冒的風險。

雖然這樣的批評有些道理，但二〇〇八年的金融危機已顯示，沒有企業是大到不能倒的。雷曼兄弟當時雖貴爲美國第四大投資銀行，也讓它宣布破產。個人存款雖得到聯邦存款保險的保護，但並沒有全面確保所有銀行能獲救。

一個在金融體系中扮演更重要角色、規模更大的銀行，是否也會讓它關閉呢？假如陷入危機的不是雷曼兄弟，而是花旗銀行呢？我不相信有任何銀行，包括花旗銀行，可拿著政府的空頭支票任意冒險。像花旗這樣的銀行能否得到政府的幫助，就得看它闖下的禍有多大、其他銀行是否處於良好狀態，以及當時的政治氣候。銀行得救與否，還得靠天時地利人和。這其中的不確定性足以使銀行經理在大多數情況下負責任地行事。

這並不意味著政府無須扮演任何角色。一些企業領導不時還是會受貪婪之心所驅使，嘗試讓制度偏向自己的利益。政府所面對的挑戰，就是查出和採取果斷行動杜絕這樣的事情。它的角色是盡可能讓競爭環境公平，確保自由競爭同時也是公平競爭。倫敦銀行同業拆息率遭交易員操縱的醜聞是發生在近期的一個例子。事件涉及銀行試圖操控利率，影響了銀行體系的誠信，損害了其他市場參與者的利益。巴克萊銀行的主席和首席執行官被迫辭職，而該銀行也在美國和英國被罰款數億美元。此事清楚顯示，政府和監管部門絕不能放鬆警惕，或以爲企業高層會在無人監管及面對豐厚利潤的情況下堅守職業道德。

許多政府自金融危機後也在檢討商業和投資銀行業務的調控措施。關於這個問題，我原則上同意美國聯準會前主席保羅．沃爾克（Paul Volcker）的看法。他在金融和銀行事務上經驗豐富且深具洞察力，他的看法是：如果我們將一般的商業銀行業務和較具投機性與風險較高的投資銀行業務分隔開來，整體的銀行體系也就更安全。這後來被稱爲「沃爾克法則」（Volcker Rule）。但實際上，要落實這樣的法則非常困難。銀行大概會將業務遷移到其他國家，而資金就會從實行「沃爾克法則」的國家流向沒有落實此法則的國家。拿英國來說，由於整個國家十分倚賴倫敦這個金融中心，因此不希望過於管制銀行業。其他國家會希望自己的競爭力不如英國嗎？我想不會。

然而，若要穩定整個經濟體系，政府的介入將是可取和可行的。美國人嘗試向經濟體系注入流動資金，以緩和經濟衰退的壓力，這基本上就是印製更多美鈔。較爲寬鬆的貨幣政策向來是對抗經濟衰退的標準方案，雖然此次也有更多非常規的措施出現，但美國最近一次增加貨幣發行量的規模也是歷史上罕見。

然而，並非人人都贊同這樣的做法。支持奧地利經濟學家海耶克（Friedrich Hayek）觀點的批評者認爲，這樣的政策無法讓經濟體系去掉多餘的油脂，並延長了無能的企業和工業的壽命，最終只不過是讓問題拖延下去。他們說，經濟體系的自然調整始終要發生，嘗試用量化寬鬆政策去阻擋，最多只是拖慢必要的調整過程，最糟的是讓低效率成爲制度性缺陷，使經濟長期停滯不前，甚至在未來引發更嚴重的衰退。

兩害相權取其輕，我相信政府採取支持性政策，無論是貨幣政策還是凱恩斯主義政策來應對危機，比什麼都不做來得好。許多國家就嘗試根據海耶克的主張，在大蕭條時期基本上是袖手旁觀，結果爲經濟帶來災難性的後果。如今，全球貿易體系已是高度一體化，而全球面臨緊縮的風險，加上無一倖免的連鎖效應，對大家來說都是極爲可怕的前景。因此，沒有人希望看到美國經歷硬著陸。

美國之所以能夠推行量化寬鬆政策，是因爲美元也是世界的儲備貨幣，因此美國人能在沒有太多不良後果的情況下長時間讓財政陷入赤字。倘若其他國家也這麼做，它們就會面臨資金外流和匯率崩潰的危險。美國人所付出的代價不高，是因爲他們能把一般國家所需承擔的代價，部分轉嫁給全世界其他國家。由於其他人更願意持有美元現金儲備和資產，因此美國人能以更優惠的利率獲得貸款。這是做爲儲備貨幣的優點。

英國人也曾經享有同樣的好處，因爲英鎊過去是國際貿易中主要的結算貨幣，如今他們失去了這樣的地位。美國人或許有一天也會失去這種地位。這對我而言難以想像，卻有可能發生。目前，仍沒有一個貨幣能取代美元做爲儲備貨幣。歐元還深陷危機，而人民幣也還未能取代美元。

我不相信中國人有心要取代美國人。他們有更多的考量。若要開放資本市場，就得讓資金自由流動。這麼一來，國內經濟可能會因資金突然大量湧入或流出而變得不穩定。美國的體系已有一定的成熟性，能夠抵擋這樣的壓力。但我不確定中國人是否要冒這個險。他們有必要這麼做嗎？就算人民幣不是儲備貨幣，他們也發展得很好。其中的優勢不足以讓他們冒這個險。如果我是他們，我是不會這麼做的。

法國經濟學家雅克．呂夫（**Jacgues Rueff**）因看到了以美元主導的制度的不公平，而提倡恢復金本位制。對此，美國人不願妥協，並表示：「你要就接受我們的美元制，不要就隨你去。」由於美國仍是最強大的經濟體，因此大家都肯接受。在可預見的未來保證現有安排能夠持續，這也將爲國際貿易體系注入穩定性和確定性。即便是世界各主要經濟體的領袖共同協議做出改變——而這還是個很大的問號。因此，儲備貨幣若有任何更動，至少在短時間內也必定造成混亂。

目前，全球經濟在短期面對的較大威脅，是自由貿易受到壓制的危險。我們只要受到保護主義的一波打擊，就會陷入經濟成長放緩的局面。我們不應忘記，上世紀三〇年代的大蕭條正是因一些國家傾向孤立主義而加劇。比方說，如果美國的政治人物基於選舉考量，決定向售價低於成本的中國貨徵收抑制性關稅，必定引來某種形式的反擊。你一旦走上這條路，其他如歐洲和日本的交易夥伴遲早也會捲入其中，而必須考慮實行類似的措施。如此一來，整個貿易體系又再往下陷幾級，整個世界的情況將因此變得更糟。在許多情況下，貧窮國家所承受的打擊最大。它們從較低的基點開始，因此從貿易中所獲得的好處也相對多得多。

我們應該朝自由貿易協定的方向邁進。只要國與國之間能達成協議，其中的交易將惠及簽署協定各方。杜哈回合貿易談判若能取得成功，將對新加坡在內的所有國家有極大的好處。不幸的是，各方在經歷了超過十年的談判後，仍舊不見成果；農業津貼是最大的絆腳石。這裡缺乏了讓談判成功而做出必要讓步的政治決心。離岸外包嚴重打擊了一些美國工人的生計，因此美國政治人物難以說服這些工人，進一步的調整是有好處的。當然，美國企業如果不把業務外包，德國人、法國人、英國人和日本人也會這麼做，從而使美國人處於劣勢。

目前，多數國家正忙著爭取達成雙邊自由貿易協定，這是可以理解的。它縱然是「二等獎」，也還是「獎」。新加坡至今已簽署了十九項區域和雙邊自由貿易協定，簽署對象包括美國、中國、日本、印度和澳大利亞等主要經濟體。結果證明，這些自由貿易協定在杜哈回合談判陷入僵局之際，推動了貿易自由化。我們的策略取得了成效。

《跨太平洋夥伴協定》（Trans-Pacifici Partnership，簡稱ＴＰＰ）是太平洋沿岸國家之間另一項高素質的貿易協定，也是令人樂見的發展。倘若目前正在談判的十二個國家能鄭重承諾開放內部市場，協定將能讓貿易往來更上一層樓，加大數以萬計的企業以及幾億消費者所享有的好處。有了美國的加入，這項協定必定對所有參與國具有價值。

Q：對於全球金融危機期間所發生的一切，你接受那是資本主義制度運作不可避免的一部分。這麼說準確嗎？

A：這是美國資本主義體系運作的一部分。歐洲資本主義體系則有別於此，因爲他們更注重社會經濟發展，也就是擁有更多的社會保障，而整體上的活力較少。英國人享有免費的醫療保健服務。它們當中情況最好的是德國，但就連德國也在保健和失業福利等方面承受相當大的負擔。我不認爲歐洲人會比美國人具競爭力。所以，體系有時過了頭，出了事，然後又復甦了。另一種情況是，它不會過頭，但缺乏那種競爭優勢。

Q：但如今有經濟學家提出有關整個資本主義制度的問題。有些人發覺，商業週期正在縮短，經濟衰退也不斷加深。這有可能顯示整個制度需要根本的改革。美國經濟在二〇〇七年之後的五年都沒有完全復甦，成爲近期歷時最久的一次衰退。

A：我無法說美國該對其體系做些什麼。但我不相信大部分的美國人會支持擁有像英國人那樣的福利社會。那就是另一種選擇。你這個人碌碌無爲，但我給你房子、給你免費的醫療服務，還讓你只付很少的學費，就能夠上大學。英國人並沒有因此取得什麼耀眼的成就。但他們如今已騎虎難下。

Q：鑑於美元在可預見的未來仍將是世界的儲備貨幣，其地位不受人民幣動搖，新加坡在外匯儲蓄投資方面，應有什麼策略？

A：我會保留美元儲備。倘若全球對資源的需求居高，我也會持一些澳元儲備。只要中國需要大量的鐵、煤和其他資源來驅動經濟，就會推高澳元，因爲澳大利亞地廣人稀，資源豐富。還有哪些國家擁有中國需要的資源呢？巴西是黃豆的主要生產國，而中國人對黃豆的需求高得必須向巴西進口。由於巴西不是太平洋沿岸國，因而選擇通過哥倫比亞，而不是巴拿馬運河向中國輸出黃豆。接下來的幾十年，中國會是全球最大的資源消費者，因爲它正在發展。中國人口龐大，但人均收入還是很低。它不具備所有的資源，因此必須購買一些。它在新疆和西藏有大片空置的土地，但大部分都是不毛之地。

Q：談談一個國家該如何調控資金的流入和流出。你對此有什麼看法？

A：身爲一個小國，當然是法規愈少愈好。與此同時，我們必須有大量的儲備，以防範像索羅斯這樣的人對我們的貨幣展開攻擊。他並未這麼做，但這可能是因爲他知道我們儲備雄厚，他未必經得起這一仗。

Q：更自由的體系爲何會對一個小國更加有利？身爲小國，我們難道沒有被大量流入的資金淹沒的危險嗎？

A：大量資金流入不會令我們措手不及。有人對我們的公司和新建設做出投資，是對我們有信心的一種表現。

Q：那資產泡沫的風險呢？

A：他們若失了分寸，也會吃虧。尤其當他們購買房地產不是爲了自己居住，而是爲了獲得資本收益的時候。

Q：所以你的意思是，這將會有自動調節的機制？

A：長遠而言可以這麼說。但這其中可能也有小故障。

Q：從政治角度來說，這在短期內不會使情況很不穩定嗎？

A：我們要不就走向世界，要不就把自己孤立起來。我們不是中國。中國有龐大的國內基地，有能力保持孤立。我們不能。我們在一九六五年的平均國民所得是五百美元，今天已達到約五萬兩千美元。如果我們當初沒有打開國門，就無法在五十年內取得這樣的成就。假如我們不與世界經濟接軌，我們的經濟就會萎縮。

Q：說到馬來西亞的情況，時任馬來西亞首相馬哈迪在一九九七年亞洲金融危機爆發時實施資金管制措施。當時這個決定備受爭議，但如今有學者在回顧此事時，表示這可能是穩定經濟體系的必要之舉。

A：我不想就馬來西亞人是否做了正確的決定和他們陷入爭論。我們讓金融體系保持開放，管理浮動匯率也維持不變，並從中受益。每個國家得根據自己的情況判斷，讓資金和投資自由進出國門是否是好事。對一些金融和銀行體系還不太成熟的國家來說，這可能造成問題。但以新加坡的情況來說，我們相信這對我們是有好處的。中國考慮到其金融體系尚未健全，認為讓資金自由流動為時尚早，因為它相信這會讓國內經濟不穩定。雖然中國的發展良好，但它得在長期內為追求穩定付出代價，而這就是無法讓經濟潛能得到充分發揮。因為一旦關閉資本市場，資金必須在獲得批准的情況下才可進出，你就抑制了經濟活動，使投資流入變得更少。

Q：有人擔心熱錢流入房地產市場可能導致新加坡人買不起房子。

A：我們要不就打開門戶，要不就閉關自守。誰能知道外國人買的房地產在五到十年後是價格過高還是過低？我們讓市場決定。他們是因為相信這是個安全的避風港，而往這邊投資，但其中也有風險。若發生什麼事，房價就會下跌。房地產流動性較低，不能說買就買，說賣就賣。銀行裡的錢流動性高，你在電腦鍵盤上按幾下，就能指示銀行：「把我的錢轉換成英鎊或歐元。」但房地產可不能這樣。不管怎樣，我們已立下規定，非公民必須事先獲得批准，才能購置有地房產。我們也向在新加坡置產的非公民徵收更高的額外買方印花稅。

Q：曾經有這樣的言論，指房價的上漲幅度不宜比薪金的增幅高太多，否則一般工人將買不起房子。倘若市場是以國內人口為主，這就能成立。但當你把房地產市場開放給外國人，你就等於讓房價和薪金脫鉤，而前者有可能會比後者上漲得多許多。這豈不是有危險？

A：但新加坡人也從他們的房地產套取很大的利益。他們若相信自己的房地產標價過高，而價格最終會下跌，他們有套現的選擇。你可以把房子賣了，暫時租房，等房價下跌。如果你相信房價會上漲，那就保留你的房子。說到底，這取決於人們對一個國家或其政治體系的信心。

Q：但你只能是在擁有房地產的情況下才能把它賣了套現。本地的首次擁屋者沒有這樣的選擇。

A：沒有房地產的新加坡人若符合建屋發展局所設定的條件，就能以津貼價格購買政府組屋。

世界經濟的重心已明確從大西洋轉向太平洋。如今，後者是世界最大貿易網路的所在地。在不久以前，希特勒領導的德國，曾在政治和工業方面引領世界。然而德國人戰敗了，美國人在此後的數十年取得了超群的地位。三十年後，世界最大的經濟體大概會是中國。一體化的歐洲或許會是第二大經濟體，但非一體化的歐洲就只是二十七個無法掌握各自命運的經濟體。屆時，中國和美國兩大經濟強國的決定將是最重要的。全世界會密切關注它們的一舉一動，因爲它們的任何動作都會造成廣泛而長遠的影響。

§

太平洋以西的亞洲地區雖會維持強勁增長，卻還需數十年的時間才能趕上美國的消費水準。這有其文化因素。中國人經歷了天災、戰亂以及劇烈動盪的生活，而一個人或一家人必須自力更生，靠在順境時所省下的一切賴以生存。要說服他們大量消費，不是一件容易的事。新加坡累積大量儲備金的做法，也體現了未雨綢繆的文化親和心態。

儘管如此，即便亞洲人繼續將相對大部分的收入留給下一代，亞洲仍然會是帶動全世界 G D P 成長的主要引擎。我們應該會看到股市起落日益受中國、印度、日本和韓國影響，更少受歐美諸如央行的宣布，或它們發布的經濟資料所影響。正在成長的國內市場推動了中國經濟的蓬勃發展，它也被廣泛認爲是協助亞洲從二〇〇八年和二〇〇九年的衰退中迅速復甦的主要動力，並預示了未來的事態發展。亞洲不一定會在瞬間就和美國經濟脫鉤，它有一大部分出口仍輸往美國市場。不過，兩者之間的關係將更趨平衡，而亞洲國家的政府將更有信心在美國經濟不景氣時，也能取得不錯的成長率。

就在重心移向太平洋的當兒，我們的生活和工作方式也隨著通訊和運輸科技的日新月異而改變。我們如今已能夠和世界各地的任何人即時溝通。有了網際網路，即便不是有錢人，你也能隨時準確而深入地掌握世界其他地方的動態。

上世紀二〇年代，我還是個孩子時，必須坐一小時的牛車才能從新加坡東部的勿洛前往外祖父在菜市的橡膠園，而這不過是兩英里的路程。到了三〇年代、我已是個學生，每逢星期四或星期五我都會等待郵船到來。郵船在海上航行了五、六週，從英國運來男孩愛看的雜誌和畫報，我也看得津津有味。我花了三個星期的時間，乘坐橫渡大西洋、載送軍人從遠東回去英國的「大不列顛號」客輪到英國留學。到了英國，我和家人最快速便宜的溝通方式是寄航空信，郵資相當於新幣五角或一先令。這是一張張尾端折起的淺藍色信箋，而紙張兩面都可用來書寫。

今天，來往倫敦和新加坡的航班只需十二小時，不像上世紀五〇年代的水上飛機，要飛四、五天，並得途經開羅、卡拉奇和可倫坡才能抵達新加坡。要不是有國家抗議超音速飛機飛過時所造成的音爆，飛行時間或許只有六小時。有一段時間，彗星號噴射機能從倫敦起飛，在午餐時間抵達新加坡，同天折返時還來得及讓乘客在倫敦用晚餐。那是一架超音速客機。如今，沒有一架民用飛機是超音速飛行的。儘管如此，先進的科技帶來的是巨大的變化。我們今天能通過相對快速、輕鬆和安全的方式來往各地。上午寄出的航空信，家人晚上就能讀到。但根本沒幾個人會這麼做。發送以光速傳播的電郵或手機短信更加省事。就連非洲的農民也用蘋果手機獲取有關玉米交易價格的最新資訊。

有了科技上的突破，今天每個人都能知道別人如何生活。亞洲和非洲最窮困的人都能清楚知道自己和美國人、歐洲人，以及有錢的亞洲人和非洲人之間的差距究竟有多大。這促使合法和非法的移民嘗試跨越國界，到更富裕且提供更多經濟機會的國家找尋更好的工作和生活環境。這些移民得到仲介的專業協助，通過各種巧妙的方式不斷偷渡入境。然而，這些伎倆有時卻適得其反，並釀成悲劇，比如，藏在貨櫃裡的非法移民可能會窒息而死。想要遷徙的欲望是如此強烈，就像水往低處流，流向土地更富饒蓊鬱的山谷一樣。這將在未來對維持國與國之間的邊界帶來巨大挑戰。

這些改變對新興經濟體來說，都帶來前所未有的機遇，尤其是那些處於亞洲的經濟體。那些通過實施親市場政策、提倡教育、苦幹實幹和尊重法治，而把體系組織得井井有條的國家，將會在全球化世界裡享有各種機會，並迅速發展。另一方面，整個世界以風馳電掣般的速度前進，也不是沒有負面影響。

我們在一九九七年的亞洲金融危機首次眞正體驗到，全球化如何嚴重打擊一個國家的恐怖威力。這場危機是因泰國，以及程度較小的印尼和韓國，因實行難以維持的匯率政策所引發。泰國借入美元和其他貨幣的短期貸款，又對工廠和房地產等資產進行長期投資。當市場意識到泰國的出口收入並不足以讓它履行還款義務時，投資者和投機者便開始大量拋售泰銖。泰國央行奮勇地嘗試與市場對抗，卻很快地發現其儲備短缺。

當泰國人向外求助時，美國並沒有果斷地回應。這向市場釋放了錯誤的訊號，顯示美國不願拿自己的聲望和影響力來化解這場危機，從而促使信貸緊縮。危機在數日內蔓延到其他亞洲國家，包括新加坡在內的許多國家央行都發現自己的貨幣遭受攻擊。國際投資管理公司將亞洲經濟體都歸納為「新興經濟體」，就連擁有良好基礎的國家也遭受打擊。

亞洲國家在危機中吸取的其中一個教訓是，不該倉促開放資本市場，尤其當金融體系仍然脆弱或央行的監管尚不健全的時候。一個國家一定要在體系達到一定的成熟和健全程度時，才能對世界開放。此外，你也必須在開放後以儲備金捍衛貨幣的穩定。亞洲國家之所以在二〇〇八年的全球金融危機相對安然無恙，是因為它們已在一九九七年的恐慌中得到很好的教訓，學會更加注重堅實基本面，包括擁有大量儲備金、有限債務和健全銀行體系。

全球化所帶來的另一個負面影響，是發展趨向不均等。最優秀的人才流動性高，能在世界許多地方過上好生活。因此，公司幾乎難以避免地以高薪挽留這些人才。相反的，從事低技能和低薪工作的人，卻得和大批來自中國、印度和其他新興經濟體的貧困工人競爭，而後者願意以很少的薪資完成同樣的工作。如此一來，這個階層的薪資自然被壓低。有些人甚至因為工作被外包而失業。

這些趨勢為國家政府帶來嚴峻的挑戰。

解決不平等的問題固然重要，但我們首先必須認識到，某種程度上的不平等，是全球資本主義體系不可避免的一部分。差別總是有的，部分原因是人們的智力、所付出的努力，又或者是運氣都有所不同，而另一部分原因則是競爭已跨越國界。如果想有較小的差別，那你就得推行社會主義政策，或嘗試將國家封閉起來，但這兩者都不會帶來好結果。巨額的高階薪資配套和耶誕節獎金看似非常不公平，但倘若這些高階主管沒有優異過人的表現，公司又如何能賺得到錢、發出那樣的獎金？如果能夠的話，又或者它們能找到薪資要求不那麼高、卻同樣優秀的人才，股東大可以投票否決這樣的薪酬配套。然而股東若看到股價上漲，他們又何必這麼做？

與此同時，社會還是得保留一定的分寸。讓資本主義毫無節制地發展是危險的事，因爲這會引發暴亂並導致社會契約遭破壞。我們必須取得巧妙的平衡，想方設法讓那些處於底層的人民也能維持像樣的生活水準，在他們的社區內找到歸屬感。

我還是新加坡政府投資公司主席的時候，公司裡有一些投資經理的薪酬是我的五倍。這合理嗎？如果我們不給他這樣的薪水，他明天就能輕易辭了工作，跳槽到願意這麼做的投資銀行，因爲他具備領高薪的才智和技能。假如我告訴自己：「好的，如果他領這樣的薪水，那我的薪水應該比他的高，因爲這整個制度是我設立的。」這可就沒完沒了。爲了讓社會保持凝聚力，我們得確保它有一定的平等和公平性。爲此，新加坡爲低收入者提供水電費補貼、入息補助——我們稱之爲就業獎勵計畫，以及在他們購買政府組屋時給予津貼等等。

這個世界再也無法回到過去了。我們豈可當做從未發明飛機、網路、蘋果手機和蘋果平板電腦？你只能接受眼前的世界就是這樣，盡可能改善整個社會的命運，否則就跟不上其他地方瞬息萬變的步伐，被拋在後頭。世界可不會爲你停止轉動。

§

Q：隨著經濟活動轉移到亞洲，你是否認爲國際貨幣基金會或世界銀行三十年後可能會由中國人掌舵？

A：是有可能，不過中國人並沒有迫切追求這個目標。他們在現有的體系中也能自信和快速地發展。國際貨幣基金會有個法國女總幹事或是世界銀行由美國人領導，對他們來說並不礙事。

Q：假如他們眞的追求這個目標，你認爲西方國家會有什麼反應？

A：屆時，中國的信貸情況就會比西方列強好得多。後者將會是債務國，而我想它們應該沒有力量阻擋中國。

Q：中國有一天是否會對賺不到合理的利潤感到厭煩，而不想再持有美元儲備？

A：也許吧。他們可能會逐漸拋售美元，或許是靜悄悄那麼做。但我不認為他們會試圖取代美元。

Q：你提出全球化帶來的其中一個問題是貧富不均。我們是否應該更努力地去解決這個問題？

A：在個別經濟體的層面上，每個國家需要做的是通過稅收和津貼，重新平衡最高和最低階層的回報，以保持社會團結。然而要在國與國之間取得平衡，則較為複雜。你必須有個世界政府，而每個國家得同意將一些盈餘交給一個世界財政部或央行，以資助較貧困的國家。當然，這樣的事情不會發生。積累了大量儲備的中國人不會說：「我們過去也和他們一樣貧窮，現在我們來幫幫他們吧。」中國人是付出了很大的努力，才取得今日地位的。目前已有人質疑援助政府無能甚至是腐敗的較貧困國家的做法，因為這些錢往往不是用在能改善百姓生活的工程，而是讓政客中飽私囊。

Q：但做爲理想的情況，你是否相信國家之間這樣相互幫助是值得讚揚的？

A：做爲新加坡的理想情況？我們的人均收入大概會從五萬兩千美元下降到三萬美元。我們爲什麼要這麼做？爲什麼要資助其他國家？新加坡選民豈不是會通過選票讓政府下台？

Q：但爲了區域和世界穩定呢？

A：不，我們得先解決自己的問題。強大的軍隊能確保我們不被騷擾，國家穩定。否則，沒什麼能阻擋大批人湧過長堤。在我們和馬來西亞合併的兩年裡，整條鐵路兩旁的土地都被來自馬來西亞的人非法占用了。由於那是市區，設施完善，因此他們就地搭起房子。所以，分家的時候，我們把這些馬來西亞人趕走。這不該由我們來承擔。

第 9 章
能源和氣候變化
Energy & Climate change

做好最壞的打算

我一直相信，地球日益暖化是人爲因素造成的。研究這個問題的科學家也似乎普遍有這樣的共識。

也有人持不同看法。其中一種說法指出，也許氣溫上升是地球運轉四十五億年的歷史中，每隔一段時間必須經歷的一個正常週期，也因此與人類製造的碳排放無關。如果這個說法屬實，那大家什麼都不必做了，就坐著等這個週期走完，氣溫自然會自動下降。但我認爲，許多強有力的證據一再顯示，我們今天所經歷的一切，絕對不是「正常現象」。地球暖化的速度太快了。我們眼睜睜看著冰冠融化；原本受冰雪阻截，穿過加拿大、阿拉斯加和俄羅斯之間的西北航道，如今在夏季成了海上通道。這些全是前所未有的事。

全球暖化和氣候的改變，使人類生存面臨威脅。人們呼籲各國政府採取一致行動，以大幅度降低碳排放量。遺憾的是，這不太可能實現。二〇〇九年聯合國氣候變化大會在哥本哈根召開，儘管所有主要國家的領袖都出席，也還是未能達成任何具約束力的協議。這之後的幾次大會同樣收效不大；對未來的大會，我也不敢抱有太大期望。

問題癥結在於，一談到碳減排，人們免不了認爲必然要妥協經濟發展。任何坐上談判桌的政府都很清楚，在對大環境做出讓步之餘，不可能罔顧國內人民的需求。一旦對人民的收入和工作所造成的影響超出民眾可承受的程度，這個政府就要冒著被推下台的風險。

對地球暖化所造成的衝擊，有些社會的焦慮感更強，也更願意不惜花錢搞綠化。歐洲國家就屬於這一類。我在二戰結束後到英國生活了四年，當時英國的氣候相對穩定，變化不大；整個歐洲大陸也是如此。但現在不一樣了。從地中海到斯堪的納維亞，長期以來習慣了溫和氣候的人，如今得面對洪水、風暴、強風和熱浪襲擊；房產被摧毀，人命傷亡。因此，歐洲國家自然更急於處理氣候變化問題。

美國歷來較不受惡劣氣候所影響。龍捲風和颶風算是較常見的現象，但即使這些風災近年來次數增加了，也沒什麼大不了，不過是宣佈受災地點爲災區，聯邦政府投入資源協助，保險公司賠償，災民買棟新房。美國至今拒絕簽署《京都議定書》，對氣候變化的態度顯而易見。歐巴馬總統宣示把氣候變化當做優先任務來處理，卻聲明政府不會爲了應對氣候變化制定法規。儘管如此，我感覺得到美國也開始慢慢清醒過來，也許還得要好長一段時間才能達到歐洲國家的程度，但起碼正漸漸朝這個方向走。美國發起的頁岩氣革命，就是在為碳這種最汙化的礦物燃料尋找替代品。美國是全球能量消耗最大的國家之一，意味著肩負的責任也同樣重大。他們必須帶頭，以身作則。

中國、印度以及其他新興經濟體則辯稱，它們所製造的碳排放量，如果不以國家而是以人均計算，其實是比工業化國家來得低。這些新興國家更渴望發展，它們指出，不太坦率的富裕國家長久以來以各種不利於環境的方式換取今日的成就，如今反倒回過頭來為碳排放量制定過高標準，強加在正急於追上它們的其他國家身上。它們指出，迄今為止的環境汙染情況，很大程度是由已開發國家的活動長期積累下來，而非開發中國家。由於這些相對的立場，我對問題的解決不表樂觀。

更糟的是，全球總人口持續上升。二〇一二年超越七十億，到了二〇五〇年，估計會達到九十億。當然，科技發展也許眞的能提升糧食產量，也可讓我們在更狹小的空間裡容納更多人，但總會達到頂限的。在不嚴重傷害我們的生態環境及生物多樣性的前提下，地球就只能容納得了這些人。該怎麼制止人口毫無節制地持續膨脹？在我看來，關鍵在於讓婦女受教育，這會是讓婦女不想要生那麼多孩子的主因。愈早做到這點，就能愈快讓我們的世界不那麼擁擠。

與此同時，我們還應當做些什麼呢？

首先，與其要其他國家減少碳排放量，各國不如多花點時間和精力，爲應對可能在幾十年內來襲的人類災難做好準備。是不是已有了全盤計畫，來應對海平面上升、更爲惡劣的氣候、糧食與水供的短缺，以及其他問題？打個比方說，如果中亞和中國的冰川融化了，低窪地區的城市會先經歷洪災，在冰川完全消融殆盡後再經歷旱災。江河流域再也不能養活那麼多人口。

此外，當海平面上升，居住在低窪地區的人口就會被迫遷移。研究顯示，海平面每上升一米，就可能迫使全球一億四千五百萬人口遷移，受水源污染殃及的人口更是不計其數。成片土地，實際上很可能是一座座城市，會被淹沒在海水中。往高處遷移，也意味著必須放棄農耕需要的淤積土壤，所以生計也會成問題。

較富裕的國家不難找到應對這個問題的方法。比如，倫敦早已爲泰晤士河興建防洪水閘，在潮漲時防止洪水湧入。要繼續上調水閘高度應該不是難事。不過對沿海城市，或者像新加坡與馬爾地夫這樣的小島，解決問題的方法就不那麼直截了當了。一國境內的人口遷徙也比跨國邊界人口遷移來得簡單。比如，若中國沿海城市受影響，人們還可往內陸遷徙；當然這會造成經濟負擔，但政治代價沒那麼嚴重。反之，以孟加拉爲例，整個國家地勢較低，人群可能被迫移往印度。兩國邊界距離長又易於滲透，不太可能阻擋人群湧入。而且，人群在倉皇逃命時，誰又阻擋得了？這麼一來，後果將不堪設想。遷移人群過於龐大頻繁，兩國衝突的風險將顯著增加。

第二點，儘管國際會議拖拖拉拉，我們確實也開始看到一些實際的相應行動。綠化，並不純粹是利他主義的運動。減少汙染，其實也會改善自己國內的環境與人民的生活。碳減排在某些情況是符合經濟效益的，特別是當碳排放是因爲能源低效或浪費所致。日本人深知節能也會降低成本，所以願意花很多時間研究怎樣在每一樣產品的製作過程，把能源消耗減至最低。另一個例子是燃油補貼。提供津貼，會促使人們消耗的比需要的更多，形成浪費。取消津貼，可能的話甚至推出燃油稅，以凸顯個人對整個社會所必須承擔的代價；這從經濟效益或環境保護的角度來說，都是正確的做法。

有鑑於此，許多國家已經單方面採取行動了。這也是爲什麼中國的環保意識也有所提升。他們知道，若以目前的能源效率繼續從事生產，能源供應將不足以應付需求，而中國也永遠達不到與美國相等的人均國內生產總值。此外，政府眼看著國內人民因空氣和水源污染而受累，氣候環境也正以各種極其可怕的方式在改變；呼吸道疾病持續上升；沙塵暴頻頻來襲；青藏高原的冰川每一年都在消退。所以二〇〇八年北京奧運期間，路上的車輛數目減半，北京周邊許多工廠停產，效果立竿見影。一旦人民親眼見證這些都是辦得到的事，今後隨著生活水準愈來愈高，人民必會施壓，促使政府爲改善周遭環境而推行更多必要的改革。

印度的城市化和工業化程度不及中國，面臨的環境問題也較少，要開展綠化運動，或許需要花更長時間。但他們也沒落後太多。不過，哪個國家都好，一旦人們體會到地球暖化對自己的實際生活帶來的威脅，他們終究會像歐洲國家一樣突然醒悟。在未親身體會之前，這一切始終都是紙上談兵。

與此同時，能源勘探開發的進程也許能爲人類爭取多一些時間。自新技術出現，成功開發頁岩氣，並發現美國和世界其他多個地方都擁有豐富的頁岩氣資源之後，在很多方面改變了世界能源格局與遊戲規則；稱之爲革命，一點也不爲過。

相對於碳等其他形式的能源，頁岩氣是淨化得多，也有助於大幅減低碳排放量；全球礦物能源總儲備也增加了幾十年甚至更久。頁岩氣資源開發，也使北美歷來第一次實現能源自給。原本建竣並準備爲進口液化天然氣的終端儲備站和港口，今後都會轉爲出口用途。不過頁岩氣不可能全面取代石油，例如飛機還是需要石油驅動。但有了頁岩氣，對石油的需求必會大大減緩。如此一來，輸出石油的中東地區，重要性相對減弱，勢力也會大不如前。過去世界好幾次受急劇波動的油價所累而陷入衰退，今後這個風險也將大爲降低。

然而，這可能還不足以讓環保組織歡欣鼓舞。他們期盼的是，世界有朝一日可以徹底擺脫礦物能源，並發展再生能源取而代之。我並不相信任何國家能眞正只倚賴再生能源滿足所有或大部分能源的需求，總還會有某些活動在未來很長一段時間裡仍會繼續使用石油——例如陸空交通運輸。即使改用電動車，也不適宜長途駕駛或運載重貨的卡車。

我是法國石油公司道達爾的國際諮詢團成員。這家公司定期爲各種其他形式的能源進行評估——風能、太陽能、潮汐能等等。每一次評估，都會得出同一個結論：儘管世界某些地區會發現自己有條件開發生產某種替代能源，但相對於全球能源總需求量來說，這些替代能源都微不足道。替代能源供應太少且不太穩定，充其量只能發揮輔助作用，怎麼也不可能完全取代傳統能源。

幾年前，有位中國朋友告訴我，中國國內愈來愈多家庭使用太陽能電池板，尤其是洗澡用的熱水器。我於是發了便條詢問我們的環境及水源部：既然太陽能板在中國看來並不昂貴也相當普遍，爲何新加坡不考慮向中國購買？我得到的答案是，這項技術在當時還不符合經濟效益。中國因爲有意在太陽能電池板生產方面領先全球，所以政府不惜投入重資進行研發，也爲此提供津貼。中國身爲大國可以這麼做，新加坡就只能等價格降下來才可能引進；任何更符合經濟效益的能源，我們會優先考慮。

所以，要爲石油和天然氣尋找替代方案，又不至於加劇地球暖化，就只剩下核子能源了。但自日本福島事件爆發後，包括德國在內的一些國家已決定關閉原有的核電廠，或展延興建新的核電廠。其他如中國和韓國等則維持原定計劃。日本本身，倒是非常冷靜地決定持續推展核電。在理想世界裡，每一個國家自然都希望維持無核狀態，因爲核子能源畢竟深具風險，如何處置放射性核廢料，仍是個無法妥善解決的問題。但事實上，我們的選擇非常有限。長遠來說，我相信各國會漸漸發現核能的好處。頁岩氣革命也許會讓這個過程暫時延緩，但我相信核能占全球能源總輸出量的份額一定會日益成長。

無論如何，最終各國必須認清一個事實：這個世界的承受力有限度，我們必須在這樣的局限下繼續過舒適的生活。大家同住一個地球，人人的命運捆綁在一起；爭辯後誰輸誰贏根本毫無意義，地球若毀了，大家全遭殃。當然，在地球暖化情況到了極致之時，也許是介於五十年到一百五十年之後的事，我早已不在了，很多現在活著的人也多半不在了。儘管如此，對於後代子孫，我們還是得負起一定的責任，我們交出去給他們的，必須是一個充滿希望和活力的世界，就像當初我們從祖先手中接過來的世界一樣。

§

Q：未來的科技發展，甚至超乎我們想像的技術，是否能減緩全球暖化的一些最嚴重的後果？

A：是有這個可能。科學家已經在嘗試阻截陽光的熱氣，用一些如巨型碗之類的儀器困住熱氣，再回彈到上空。這也許在陸地上做得到，但海面上怎麼做？

Q：你估計南中國海的石油與天然氣爭端會愈演愈烈嗎？

A：現在還未開始鑽探，所以沒人知道海底下究竟藏著什麼。不過釣魚島爭議與石油無關，更多是和主權或民族主義相關。我認爲爭端不容易解決，會暫時擱置。爲此而影響經濟關係，對雙方都不會有好處。從日方的角度，不値得爲了釣魚島而放棄在中國投資。而中國哪怕爲釣魚島爭端譜了歌編了舞，他們還是需要日本的投資，一樣不會爲此而戰爭。不過，假如說在劃定的專屬經濟區找到石油和天然氣，那情況恐怕就要嚴重得多了，因爲中國對能源有著龐大需求。

Q：新加坡沿岸會不會有一天也出現大批難民潮，因爲海平面上升而湧到這裡來？

A：我們才會湧到別人的岸上。海平面只要上升一、兩公尺，你會發現我們就要失去多少土地。武吉知馬山其實也不算太高。

Q：新加坡是否正在認眞研究興建海牆的可能性？

A：面對極端情況，我們也不得不這麼做。其實我們邀請荷蘭專家前來勘察，他們說提壩不可能，得建海牆。荷蘭地勢較低，但新加坡地勢是在水平面之上。我們的問題還在於得探討怎麼在海牆之外興建海港。

Q：有些人說，新加坡在環保方面行動太慢了。我們當然得在推出一些相關措施時考慮相應的成本代價，但你認爲我國應該在這方面加快步伐嗎？

A：新加坡在國際版圖上不過是個小角色，無論我們做什麼，對全球暖化的影響都微不足道，畢竟新加坡的碳排放量只占全球區區的〇．二％。話雖如此，我們還是推出不少頗有雄心且在國內具有意義的措施，例如改用天然氣發電、限制車輛成長、推行付費用車，和通過管制加強能源效率。

Q：如果你還在主政，會不會做得更多？

A：我會要求做更詳盡的研究，然後仔細盤算我們有哪些選擇。不過也得考慮到新加坡人的精打細算。人們不理會能源怎麼來，只想知道哪一種最便宜。比如說政府一度鼓勵人們改用混合型環保車，但這類車子即使能享有稅務折扣，價格還是偏高，所以大家依然選擇普通車。政府立法管制也許會有效，但這可能得等到市面上出現更符合經濟效益的混合型車子，我們到時或會規定大家都得改用混合型車或電動車。

Q：你認爲環境問題會不會演變爲國內的重大政治課題？尤其對年輕的新加坡人而言。

A：不會。這怎麼會成爲政治課題呢？

Q：好比說，要求更多綠色空間，要求加大環保力度？你是否預見到更多相關組織會冒出來，利用這個課題煽動群衆，撈取政治資本？

A：不，這不太可能。政府在綠化方面所做的努力並不亞於任何非政府組織。

Q：民間在二〇一二年就曾經針對武吉布朗墳場必須掘墳鏟平以興建公路，而鬧得沸沸揚揚。

A：那全是情感因素使然。

Q：反對呼聲中提出的一個論點就是爲了保護自然環境。

A：不、不。這不純粹是自然生態，而是墳場。都是基於情感因素。你的祖先埋在黃土之中，有名有姓，讓子孫有個悼念祖先、追憶過去的地方。我們也同樣挖掘了比達達利基督教墳場，需要發展時，在上面大興土木。所以只要我們需要用到那塊地，我們就會挖掘整座武吉布朗重建，然後把逝者骨灰安放在骨灰塔內。我們會這麼做。

第 10 章
個人生活
Personal life

選擇何時離去

我的日常生活很有規律：起床，清電郵，閱報，做運動，然後用午餐。之後，到總統府的辦公室上班，看檔，寫寫文章或準備演講稿。下午或傍晚時分，有時會安排記者採訪，再花一、兩個小時與我的華文老師在一起。

我習慣天天運動。八十九歲了，還可以端正坐著，走路也不需要靠拐杖。三十來歲時，喜歡吸菸喝啤酒，後來因為容易在競選時影響聲帶，把菸給戒了；當時尚未有任何研究顯示吸菸會導致肺癌和喉癌等各種病症。不過說來也真是奇怪，我後來居然對菸味特別敏感。至於啤酒，一度喝出了一圈啤酒肚，報章上的照片都看得出來。於是我開始打高爾夫球健身，後來改成跑步和游泳，那可以在較短的時間達到相同的健身效果。現在我每天使用跑步機三次：上午十二分鐘，午餐後十五分鐘，晚餐後十五分鐘。過去，晚餐前會去游泳，游個二十到二十五分鐘。要不是這樣，我還真達不到現在這種健康狀況。這是一種自律。

我還經常約人見面交流。你必須見人，因為要擴大自己的視野，就必須與人多接觸。除了國內的朋友，我也經常和馬來西亞、印尼以及不時與來自中國和歐美的朋友會面。我試著不光與老朋友或政治領袖會面，也同時接觸各行各業的人士，例如學者、商人、新聞工作者和普通市民。

我大大減少了出國訪問的次數，那是由於時差關係，尤其是去美國。二〇一二年之前，我年年風雨不改地到日本出席「亞洲的未來」國際會議，這項會議由日本傳媒機構《日本經濟新聞》主辦，今年進入第十九個年頭。有一陣子也幾乎每年訪華，如今因爲空氣污染問題倒不太想去北京了。但中國領導人都聚在那裡，所以只好到北京去見見他們。我是JP摩根國際委員會委員，很榮幸他們爲了配合我，把二〇一二年的常年大會移到新加坡舉行。道達爾諮詢團也是一樣。去法國還行，A380型空中巴士十二小時直飛往返。去紐約就累得多了，特別因爲時差關係，總是晨昏顚倒。出國訪問有助於開拓我的視野，可以看看其他國家如何發展。沒有一個國家或城市是停滯不前的。我就見證了倫敦和巴黎如何一次又一次地歷經變革。

退出內閣之後，對周遭發生的事以及時局的變化沒以前那麼清楚了。因此大多數時候我會尊重部長的決定。我很少提出相反意見，至少不會像過去還在內閣時一樣，全面參與決策討論。

有時候，我對某些事情強烈不認同，就會向總理說出自己的看法。一個例子是，政府正在考慮是否開放讓免付費電視頻道重新播放方言節目時，有人這麼建議：「華語已在華族社群中奠定了基礎。讓我們恢復方言節目，好讓老人家能收看連續劇。」我反對這麼做，並且指出，當我還是總理的時候，曾經因為壓制方言節目而付出沉重的政治代價，好不容易才讓人們習慣說華語。現在怎麼又來開倒車？一整代華人因為突然發現自己喜愛的方言節目被腰斬而怨我。《麗的呼聲》有個很好的講古大師李大傻，我們就這麼終止了他的節目。為什麼還要讓廣東話或福建話在我們的下一代蔓延開來？只要一恢復方言，老一輩又會開始跟兒孫說方言。方言會捲土重來的，雖緩慢卻肯定。

每個國家都需要有一種人人聽得懂的共同語。當年，要把英國殖民政府遺留下來的四大語文源流進行一番統合，並不容易。大多數華人學生報讀華校，為自己的語言深感自豪，一九四九年新共產中國崛起後更是如此。為了使英語成為所有學校的第一語文，母語為第二語文，我必須展開多方面鬥爭。華文沙文主義者為了對抗這項政策全力拚搏，華文報和華校使盡全力推高讀者群和招生人數。由於我當時的華文水準有限，所以交由我的華文新聞祕書李微塵嚴厲管制華文報、華文中學、南洋大學，以及屬下的職員和支持者，將示威、怠工和罷工等活動降至最低。

最終，是英文教育的市場價值解決了問題。我們也才有了今日的新加坡，以英語與世界接軌，並吸引跨國機構進駐；同時保留母語爲第二語文，讓我們能與中國、印度和印尼保持聯繫。語文政策是個關鍵轉捩點，倘若人們選擇走上另一條路，現在的新加坡恐怕只剩下一灘死水。

出於情感因素，也出於同中國進行商業貿易往來的需求，我們需要保留華文爲第二語文，但肯定不需要方言。我們耗費了那麼多時間、精力和政治資本，把方言從大衆傳媒徹底除去，如今反倒要走回老路，實在非常愚蠢。

§

生比死好，但每個人終究得面對死亡。這個問題是許多正值壯年的人不願意去面對的。但八十九歲的我沒必要迴避這個問題。我關注的是：我會怎麼離世？會不會是冠狀動脈中風，迅速了結一生？還是腦部中風，陷入半昏迷狀態，臥病在床好幾個月？這兩種方式之中，我寧願要盡速了結。

不久前，我做了預先醫療指示，意即如果我必須靠插管才能進食，而且不太可能復原或再次自行走動，醫師就得爲我拔掉插管，讓我能盡速離世。我在一位律師朋友和醫師的見證下，簽下這份指示。

如果不簽下這份指示書，醫師會窮盡一切方法去阻止必然要發生的事。我見過太多類似情況了。我太太的姊夫楊玉麟病逝之前插著管子，在家躺著，他的太太也同樣身體欠佳而躺在床上。他的大腦漸漸沒有意識，但他們還是讓他繼續撐了好幾年。這又有什麼意思呢？醫生或親屬通常會認爲他們理應設法延長病人的壽命，這我無法苟同。萬事終將有盡頭，我希望自己人生的終結，會來得迅速且毫無疼痛。我可不想變成殘廢，半昏迷臥床，鼻孔插著管子直通入胃。那樣的情況不過只剩下軀殼而已。

對於人生，我不會特別執著於什麼，或者高談什麼偉論，就只是以自己想做的事來衡量人生的價值。就我自己來說，想做的我已經盡力做到了，我心滿意足。

不同社會對生命有各種不同的說法。如果你到美國，你會發現處處盡是虔誠的基督教徒，尤其是在南部保守的聖經地帶。中國雖然接受了好幾十年的毛澤東思想與馬克思主義，但拜祭祖先，以及其他佛教和道教的習俗仍然普遍。印度則廣泛相信轉世輪迴。

我不會說自己是無神論者。對於神的存在，我既不接受也不否定。他們說宇宙源自大霹靂，可是人類在地球上的發展超過兩萬年，已進化為有思想的生物，也有能力超越自己去關注宇宙萬物，並反思自己的處境。這是印證了達爾文的進化論嗎？還是神造的？我不知道。所以我不會嘲笑信仰神明的人，我自己未必相信，但不會去否定神的存在。

我的摯友韓瑞生，是十分虔誠的天主教徒。他臨終前，有位神父陪在他身邊。當時他才六十八歲，還那麼年輕，可是他一點也不害怕。身為天主教徒，他相信會在天堂與妻子重逢。我當然也希望來世能與妻子重逢，但我相信這是不可能的。我會停止存在，就像她已停止存在一樣。若非如此，冥界豈不是很擁擠？天堂真的如此廣闊無垠，能容納得下千百年來所有死去的人嗎？這是個很大的問號。可是瑞生是這麼相信的，在臨終前有神父陪著走完最後一程，讓他心靈十分平靜。他的太太在二〇一二年十一月逝世，她也相信他倆會再見面。

我身邊一些曾經嘗試向我傳教的人已經不再那麼做了，因為他們覺得不可能改變我。我的太太在求學時代有個同學，對宗教非常熱中，不斷向她傳教，結果她只好疏遠這個同學。她說：「太荒謬了，我們每一次見面，她都想讓我變成基督徒。」太太不相信死後還有來世。不過說眞的，相信有來世，心靈上會得到安慰；就算明知道來世不存在。

隨著日子一天天過去，我在體質上漸漸失去精力，也不那麼活躍。你若要我在下午兩點烈日當空下去訪問選民，沿街與人握手，親親寶寶，我做不到了。二、三十年前沒問題，如今再也不行了。生命就是如此，生理機能只會隨著年歲而退化。有時候我的祕書看我在辦公室裡休息，會問我是不是要取消接下來的會議。有些時候我會說：「不，繼續吧。」我只需要閉目養神十五分鐘，好讓腦筋接下來更清醒。有時候眞的撐不了，我會說：「是，把會議挪後。讓我先小睡一會兒。」身體狀況不是自己控制得了的。我再活躍、再自律都好，身子總會愈來愈虛弱。

到頭來，我此生最大的滿足感，就是自己曾經花了這麼些年，爭取支持、激發民心，打造了這麼一個任人唯賢、沒有貪污、種族平等的地方，並且在我之後還會持續下去。不像我當初剛上台執政時，林有福政府極其貪污。有個叫麥柏士的政府人員，新加坡年輕一代也許沒聽說過，他是華印混血兒，蓄著鬍子，是個「牽線人」，專門收費替人拉關係辦事。

處在一個貪污腐敗風氣甚盛的區域，新加坡沒有貪污的情況，顯得格外突出。我們創造的體制，包括貪污調查局，幫助我們做到這一點。人們不論種族、語言和宗教，都憑著能力才幹獲得擢升。只要繼續維護這個體制，我們將繼續進步。這是我最大的期許。

§

Q：你曾經說過，自己算是名義上的佛教徒。現在依然如此嗎？

A：是的，我還是這樣認爲。我經歷過種種儀式習俗。我不是基督徒、不是道教徒，不屬於任何教派。

Q：你說「儀式習俗」，指的是什麼？

A：在特定的日子裡拜祭祖先，奉上供品等等，這些都由傭人幫忙處理。但我這一代人走了之後，這些習俗都會跟著消失。就如清明掃墓，一代代下來，愈來愈冷清。這就是祭祖儀式。

Q：既然不信教，你又從哪裡尋找心靈慰藉？

A：我的慰藉，來自於一切病痛苦楚折磨的終結。所以我會希望這個終結趕快到來。我八十九歲了，翻開訃聞版就知道很少人活得比我長命。我有時會想：這些人怎麼活著？又是怎麼死去的？久病纏身嗎？殘障臥床嗎？八十九歲的人總是在想這些事。我的忠告是，如果你不想躺在床上昏迷不醒或陷入半昏迷狀態，插著一條管進食，就去簽一份預先醫療指示。別通過外在干預延長生命，讓我的生命自然了結。

Q：基於一些原因，這麼做的人在新加坡還是非常少吧。

A：是，因爲他們不願意面對現實。

Q：你贊不贊成安樂死？這在有些國家已經合法化了。

A：我認爲，如果前提是不濫用這個方法來擺脫老年人，而且是當事人在理智清醒的情況下，爲了結束痛苦而做的個人決定，我會同意這麼做。像荷蘭人一樣。所以我簽了預先醫療指示，實際上是在說：「請讓我走。」

Q：如果你的一個孫子來到你跟前，問爺爺：「美好人生究竟是什麼？」你會怎麼回答他？

A：我有二十多歲的孫子，他們不會問我什麼是美好人生。他們自己清楚什麼才是美好人生。他們所處的世界、所接觸的人，變得不一樣了，不同年代的人對人生應該怎麼過也會有不同的要求。

Q：你的意思是，不可能去影響今日的年輕人？

A：不。他們從呱呱墜地到十六、七歲甚至更早，基本心態還可以形塑。之後，他們有自己的想法，會影響他們的是自己的所見所聞，以及同代人的所作所爲。

Q：你談到不相信過世後能見到妻子。即使在沉寂獨處的時刻，你也從沒如此希望過嗎？其實這麼希望著，不也是人之常情嗎？

A：不。這麼想是不符合邏輯的。假設人人死後都有來生，那會是在哪裡？

Q：也許是一個超自然的地方？

A：所以我們全會是孤魂野鬼？不，我不這麼認爲。

Q：你是否還會時常想起李夫人？

A：她的骨灰裝在骨灰壇裡，我已經向子女交代好了，把我的骨灰壇與她的安置在一塊，在同一個骨灰甕安置室。純粹出於情感因素。

Q：希望呢？

A：不再希望什麼了。她已經不在了，留下的只是那一罈骨灰。我也會走，也只會留下一罈骨灰。出於情感因素，好吧，把兩個骨灰罈安放在一塊。但死後還能重逢？不可能有那麼好的事。不過印度教徒相信轉世輪迴，不是嗎？

Q：是的，印度教相信這個。

A：這一世過得好，下一世就會更好。這一世如果做盡壞事，下一世就變成一條狗或什麼的。

Q：佛教徒也這麼相信。

A：不過佛教徒對來世的概念沒說得那麼明確。

Q：你現在的生活與過去還在內閣時很不一樣嗎？

A：當然。少了壓力。

Q：不過你向來都是一個很能應對壓力的人。

A：在任的壓力在於必須做決定。有時候好幾個問題一起來，等著你一一做決定，你就得審愼做判斷。一旦做了決定，就不可能回頭了。是不一樣的壓力。

Q：你會想念那種壓力嗎？

A：不，不會。爲什麼我還會想念？我已經完成了我該做的事。

Q：可是你會不會想念出席內閣會議的日子，能有機會與年輕部長交流？

A：不會。我覺得是退下的時候。八十九歲了。我所認識的世界、固定在腦海中的幾個參照點，以及心目中所勾勒的新加坡地圖，全都不一樣了。過去我經常到組屋區訪問，和居委會的人很熟悉，跟他們打成一片，感受基層。現在沒有這些了。我得靠報告，這是完全兩回事。所以我只得讓還在基層走動的人去接手。

Q：你在二〇一一年大選結束後不久就宣布退出內閣。你後悔過嗎？

A：不。我都已經沒精力再跟基層民衆接觸，又怎麼還可能繼續參與決策呢？這項工作很耗體力。心智方面我沒問題，因爲從來沒中風，也沒患上失智症，可是體力不行。接受你們訪問之前，我吃了一頓簡單的午餐，在跑步機上走，然後休息十五分鐘。過去我不需要這麼做。

Q：所以你沒有任何未了的心願……

A：沒有。我要做的都做到了。總理職務，我交了給吳作棟，從旁協助他。他再交給李顯龍。如今是新一代的領導主管，我的貢獻不再那麼有意義了。唯一例外的是，當他們想要恢復方言的時候。

Q：冒昧問一句，你的健康狀況還好嗎？

A：我不久前剛入院，醫師說是短暫性腦缺血發作。現在完全康復，已經回去上班了。你得考慮到我已經八十九歲了，醫師告訴我，到了這個年齡，沒有任何健康標準可循的。

Q：這個標準就由你來確立吧。所以你對自己現階段的身體和精神狀況還算滿意？

A：不，是只好接受身體機能正在不斷退化的現實。心智功能還好，沒有退化跡象，不像我有些朋友，就這點我應該感恩了，我想多半跟遺傳基因有關。可是身體上的老化，阻止不了。

Q：你的心智狀態，會不會也跟你經常思考有關？讓自己的腦筋時時保持活躍，總是對周遭的事物感興趣。

A：是，當然。我也持續學習新的中文詞彙和句子，逼自己去記。就像玩麻將一樣。

Q：這些年來你的飲食習慣有什麼改變嗎？

A：現在不再想吃什麼就吃什麼了，也不會吃得太飽。會試著多吃蔬菜，減少蛋白質。

Q：你在慶祝八十歲誕辰時接受《海峽時報》訪問，曾經提到，你擔心人老了，生活的那一扇窗會愈來愈小，直到完全關上，如同停止存在一樣。現在還是這麼想嗎——設法讓你的那扇窗持續敞開？

A：是。要不是這樣，我寧可一個人坐著，爲什麼還要跟你見面說話？

Q：你會不會有寂寞的時候？

A：你得區分寂寞和獨處。我有個朋友，名叫珀西．柯利達，他是劍橋最聰穎的資優生，已經過世。他的妻子是丹麥人，患有糖尿病，失去了雙腿。珀西以前總愛說：「我享受一個人獨處。」我會說：「去找台電腦，上 Google。你可以找到所有你讀過愛過的詩句，文學作品的絢麗章節。只要輸入關鍵字，就全出現了。」結果他照做了。

Q：你平日都看些什麼報紙或網站？

A：我讀《海峽時報》和《聯合早報》。以前也讀馬來報《每日新聞》，現在不讀了。過去我的馬來文掌握能力不錯，但現在沒必要了，因爲新加坡多數馬來人都說英語。我從網路上了解各地新聞，包括本地的、區域的、中國、日本、韓國、美國、印度和歐洲。有時也關注中東局勢。拉丁美洲新聞幾乎不讀，因爲跟我們不相干，太遠了。

Q：具體看哪些網站？

A：Google。我預設了不同區域的新聞，會自動搜尋顯現。

Q：最近看了哪些書或電影？

A：我不看電影。

Q：書呢？

A：我平時愛看有意思的人物傳記。小說對我毫無吸引力，都是虛構的東西，或者是重建人們想像中的美好人生。

Q：最近可有讀過哪本自己喜歡的好書？

A：《戴高樂傳記》。法國戰敗，他一無是處。他到倫敦去，說：「我是法國。」再到阿爾及利亞，對著歸順了維琪政權的朱安說：「你身爲法國遠征軍總司令，應該爲自己感到羞愧。」相當有膽識的一個人。當然，他最終重返巴黎，盟軍還爲他開道。

Q：你最近都在想些什麼？哪些事情會讓你在夜裡睡不著？

A：我想著我們的人口變化。整體生育率只達一．二，我們不得不引進移民。

要新加坡人改變觀念很困難。婦女受過教育，想過另一種生活，而不是年紀輕輕就被婚姻和子女所困。她們要先四處旅行看世界，要享受生活，然後才結婚，但到時候她們可能就生不出孩子了。

Q：你對新加坡有些什麼期許？

A：希望新加坡沿著軌道穩健前進，維護所有讓它在這個區域超凡出衆的制度。

第 11 章
老朋友的對話
Old dialogue

領導人的啟示

二〇一二年五月，撰寫這本書期間，施密特正好來訪。施密特曾在一九七四年至一九八二年間出任前西德總理，比我年長六歲，跟我是好朋友。妻子柯玉芝與施密特的夫人漢內洛蕾都已過世，兩人生前也是朋友。我所認識的施密特一直是個強硬而有智慧的領袖，再複雜的狀況，他都能一眼認清問題所在。這些年來他看事情的眼光和洞察力，一直讓我深感佩服。足足三天，我倆促膝而談，對廣泛課題交換了意見。德國《時代》週報的記者納斯也在場主持，時而提問，激發討論。我們後來同意把討論內容摘錄整理成此書的一章，分三個小節；第一節談的是「領導人的啟示」，第二節是「歐洲願景」，以及最後一節「告別」。（以下討論內容中，施密特簡稱「施」，李光耀簡稱「李」，主席納斯簡稱「納」。）

§

施：如果要我們回顧與總結自己的從政生涯，哈利（即李光耀），你會怎麼形容？

李：我先是會說，我比很多人幸運。命運總在最關鍵的轉角處對著我微笑。我們被逐出馬來西亞時，一下子沒了腹地，這個地方很可能就這麼垮了。但是世界的整合以及全球化過程，讓我們有機會找到自己的立足之地。

施：你剛接手時，新加坡有多少人？

李：兩百萬。我們現在有五百萬人口。

施：如果新加坡的公民面對別人問起：「你來自什麼地方？」或者：「你的國籍是什麼？」他會怎麼回答？

李：我是新加坡人。

施：是嗎？這是從什麼時候開始的？

李：我會說二、三十年前吧。

施：不是打從一開始就如此嗎？

李：不是的。但在這個答案背後，總還會外加括弧：我是新加坡的（華人）、（印度人）、（馬來人）等等。我的意思是，我們不可能抹去括弧內的個別種族，這是現實。異族婚姻不是沒有，但還屬於少數。

施：這一生中有哪些經歷最讓你難以忘懷？

李：首先是日本占領新加坡，大英帝國衰敗。日本在短短不到三個月就把一個本來應該能長存上千年的古老帝國擊垮。第二段難忘的經歷，是在沒有腹地的情況下把這個小島發展成國家。我們被驅逐出馬來西亞，因爲影響到他們的種族平衡。

施：他們把你們驅逐，是因爲新加坡的華人因素嗎？

李：正是如此。所以我們只能拚死一搏。是世界的環球化幫了新加坡。於是我們把全世界當成腹地。

施：我這一生經歷過的最重大事件有兩段。一是，我要到一九四四年末，大概九月底，才恍然覺悟到自己正在爲一個犯罪政權服務。我在一九三七年應召入伍，用了整整八年時間才明白自己其實正在爲一個犯罪政權服務。那是二戰結束半年前。自那一刻起，我的人生改變了。我從來就不是一個納粹分子。我反對納粹，但自己什麼也沒做。第二個重大事件在一九八九年發生，天雯時晴空萬里，國家統一的契機終於來臨。那個時候，我已經離開政壇了。我還在位的時候，算不上有什麼其他更重要的大事。

李：這些都是歷史上重大的轉捩點，尤其是東、西德統一。因爲人們普遍擔心德國的勢力會在中歐再度崛起。

施：從某個角度來說，這其實正是德國千百年來的危險處境。處在這麼一片小小的歐洲大陸正中央，過於強大會讓中央以外的人覺得受威脅，過於軟弱又會讓中央以外的人虎視眈眈。這種局面釀成千百年來不間斷的戰爭。全球還沒有哪個洲像歐洲一樣歷經那麼多戰事。

李：這一點還眞耐人尋味。因爲你們全是基督教徒，但各自的民族抱負是如此大相徑庭。

施：我完全同意。你從政生涯中，還有哪些時刻是眞正值得你自豪的？

李：我做到讓人人感到平等。我並不是把這個地方變成一個華人城市，而是抗拒華文沙文主義者企圖把華文發展成主導語言。我說：「不行。應該使用英語這麼一個人人都能接受的中性語言。」這也有助於我們把人民團結起來。我們並不因爲種族、語言或宗教因素而歧視任何人。

施：新加坡一般市民在國內使用大衆運輸系統，他會以哪種語言買車票？

李：英語。

施：果眞如此？

李：的確如此。計程車司機也說英語。我們自小在學校裡教的第一語文是英文，所以英語是全國通用的。

施：說這是新加坡建國最重要的一點，沒錯吧？

李：一點都沒錯。如果我們選擇了另一條路，讓各個種族以各自的語言爲主要語言，那人民就會四分五裂了。那就只會釀成永無休止的衝突，國家不可能進步。

施：英國政府知道你有這項了不起的成就嗎？

李：不。但我想新加坡的殖民統治者是英國人，算是幸運的。越南的殖民統治者是法國，他們現在得很費勁地想淘汰法語改而學習英語，畢竟世界說的是英語。

納：如今的香港是不是逐漸失去了這個優勢？我有這個感覺，畢竟英語曾經……

李：的確。因爲香港已經回歸中國了，每一天有成千上萬甚至一、二十萬人在中國內地與香港之間往來。香港的好些華人在中國大陸都有第二個家，因爲在那裡買房買地便宜很多。所以經過這些年，香港人已經完全被重新吸納爲中國人。

納：你投身公共服務五、六十年，對於當好政治家這回事，或者政治家必須具備的道德標準，可有哪些領會或個人啓發？

李：我認爲，要成就任何事之前，先得爭取人民的信任，證明自己不是隨便承諾或者說討人喜歡的話，而是言出必行。無論成功或失敗，說到的事就必須盡力而爲。好幾次在處理重大事件時，儘管面對反對聲浪，我還是信守承諾做到自己該做的事，這也正是我得以成功的原因。一旦建立起信任，接下來的一切就水到渠成了。如果你不過是一個平凡的從政者，草率做出承諾，每隔四、五年又換一批新的從政者上台，就像日本那樣，年年換首相，你根本沒法建立信任，根本無從領導國家。

納：但政治領導的核心究竟是什麼？領袖必須具備哪些素質？政治領袖與一般從政者如何區分？也許進一步再談談，又是哪些條件才能形塑政治家？這是截然不同的兩回事。

李：從政者和政治家在程度上是有差別的。一個從政者不過想打響自己的知名度然後步入政壇，會因爲掌握權力而有榮耀感。而政治家會有使命感，爭取權力來成就某些事。一個政治家不光是爭取權力完成某些使命，也有能力選定優秀接班人，讓使命延續下去。這就是我的理解。

施：新加坡之外，你認爲誰是你這個年代裡最偉大的領袖？

李：鄧小平。

施：我也有同感。可是我也許會先想到邱吉爾。

李：邱吉爾是位偉大的演說家，在英國人民陷入困境、孤立無助的時候鼓舞了人心。他在最著名的一段演說中說：「我們將在海灘作戰，我們將在敵人的登陸點作戰，我們將在田野和街頭作戰，我們將在山區作戰。我們絕不投降。」羅斯福問祕書，爲什麼自己的演說永遠無法達到同樣的效果。祕書回答：「總統先生，他可是自己捲菸抽的。」邱吉爾的那段講話激勵了人民繼續作戰，也爭取到足夠時間爭取美國加入這場戰事並肩作戰。

施：沒有邱吉爾，西方不可能贏得第二次世界大戰。

李：是的，他敢於逆流而上，任何其他人，像張伯倫一樣，會屈從於某種協議。

施：法國當時也沒出現哪個偉人。

李：是的。

納：戴高樂呢？

施：戴高樂是戰後才冒出頭的。他最偉大的時刻都發生在戰後。

李：不能這麼說。他在二戰期間是個無關緊要的人，但仍然堅持自己代表法國，以法國代表的身分到倫敦表明立場，雖然因爲仰賴英、美支援而使自己陷入尷尬處境，但他始終堅持以法國人自居，堅持自己象徵著法國的靈魂。就這點來說，他也是個偉人。

施：他當然是個偉人，尤其在六〇年代初期，他向德國人伸出了手。

納：你們提到鄧小平與邱吉爾這兩位人物，堪稱從正面改造了世界。但是否也有哪些負面的、邪惡的人物，在上個世紀裡對世界所發揮的負面影響蓋過了這些正面人物？

李：我會說，在亞洲的一個例子是毛澤東。如果他繼續活著，肯定會是一場大災難，因爲他的信念是不斷地革命。他的浪漫主義思想是，一旦取得穩定，官僚作風就會隨之而來，不再渴望改革和改變世界。我覺得他會是一位危險的人，如果他繼續活著，而不是由鄧小平接手，中國很可能會就此潰敗，整個遠東地區也會因此而遭殃。就歐洲來說，希特勒同樣是製造災難的根源。如果當初他成功──假設他成功挺進而一舉攻陷莫斯科，而不是企圖走得更遠──英、美兩國要突破希特勒在法國西邊建立的圍牆，恐怕就不會那麼簡單。不過這些都是歷史。美國介入，並不是爲了民主和人權，而是因爲不想看到歐洲受這麼一個強大的意識型態所控制，進而對美國構成威脅。是的，邱吉爾和羅斯福是好朋友，不過這跟英、美關係是兩回事。美國關注的只是要怎麼避免歐洲落入希特勒這號人物手中。

施：你剛剛提到，鄧小平是一位傑出的領袖，這點我完全同意。我覺得同個年代我所認識的人物當中，鄧小平算是最偉大的了。

李：我曾經在書裡寫過他。個子不過五英尺高，卻是魄力超凡的領袖。

施：他還菸不離手。

李：是，他是如此。而也沒見他患上肺氣腫。

施：還有痰盂，可以離他足足有一碼，可是他還是照用，而且百發百中。

李：他當年在越南揮軍攻打柬埔寨和老撾之前到訪新加坡，要拉攏新加坡與他們對抗。他不看稿發言，畢竟想說的一番話，來新加坡之前已先在曼谷和吉隆坡演練過，論述起來有條不紊、明確清晰。然後我向後靠著坐，說：「我們是先用晚餐，還是現在就開始討論？」他說：「先用晚餐吧。」我們於是就一起用了晚餐。隔天，我說：「你要我們聯合起來防範蘇聯北極熊，可我和周邊國家反而希望能團結起來防範中國龍。威脅他們的不是北極熊，而是你們的廣播電台、你們爲潛伏泰馬邊境和其他各地的游擊隊提供的資助，這些讓他們覺得深受威脅。」我以爲這番話會激怒他，引來一番駁斥。結果他只頓了一下，然後說：「那你想讓我怎麼做？」我說：「停止這一切。」他說：「給我一些時間。」不到一年，一切都停止了。他眞是個偉大人物。

施：那是什麼時候的事？

李：一九七八年十一月。

施：我在一九八三年跟他有過另一次對話。當時是中華人民共和國的國慶日。我們就只是坐著，就我們兩人和一名翻譯員。我們相識十年了，所以這是一次很坦誠的交流。我半開玩笑地對他說：「考慮到實際情況，你們其實不太誠實。你們自稱共產黨人，但實際上你們更信奉孔子那一套。」他顯然有些錯愕，愣了幾秒；然後這麼回答我：「那又怎麼樣？」是，我也同意他是個偉大人物。

李：不只這樣。他願意面對現實。因爲由我這麼一個小小島國的領導人來告訴他，我們——我和周邊國家——怕的是你而不是蘇聯，我原以爲他會憤而對著我吆喝。可是他沒有，只是頓了頓，然後平靜地問我：「那你想讓我怎麼做？」不愧是位偉大的人物。當晚爲他設宴，因爲知道他愛用痰盂，我特地爲他準備了一個。

施：你在他面前放了個痰盂？

李：明代最好的青釉痰盂。但他後來沒用上。還有，我對他的隨行人員說過，我特地安裝了一種能抽除菸味的特製空調系統，他知道這回事，但他那晚也沒抽菸。

施：出於對你的尊重？

李：其實是不需要特別配合我的，因爲我都做好了準備。

施：對了，鄧小平怎麼擺平當時猶豫不決的中國領導層？

李：這麼說吧，當時好些參與長征的老一代將領願意保護他。所以毛澤東逝世後，先是華國鋒接棒。但華國鋒其實沒有眞正的權力基礎。解放軍信任和效忠的對象是鄧小平。所以華國鋒……

施：解放軍爲什麼會在毛澤東離世後轉而信任鄧小平？

李：因爲鄧小平參加過長征，解放軍認識他，知道他是位偉大的領袖，眞誠地爲中國獻身的人，軍隊信任他。鄧小平一復出，就友善地把華國鋒安排在權力核心之外，只讓他保留中共中央委員會主席一職。所以我當年到中國訪問時，鄧小平讓我先見華國鋒，然後才見他，以符合外交禮儀。

施：鄧小平當時除了出任中共中央軍委主席之外，就沒有其他職銜了？

李：職銜並不重要。他是鄧小平。解放軍和國務院大部分人都相信他有能力拯救中國。

施：我局外旁觀，看著他如何慢慢建立權力基礎，最後奠定地位，覺得很有意思。

李：而且他願意不斷學習。

施：他的確不斷地在學習，沒錯。

李：他當年到新加坡訪問，看到一個沒有天然資源的小島繁榮興盛，貨源充足，人民口袋裡都有錢。他觀察著，深入提問，然後自己總結出一個道理：新加坡對外開放吸引外資，外資進而把技術、管理技巧和市場帶進來。他回到中國之後，循著新加坡模式闢設了六個經濟特區，而後成功並逐步開啓了中國改革開放之路。朱鎔基接著把中國帶進世界貿易組織，打開了全中國面向世界的大門。這拯救了中國。

施：我曾在相同時候嘗試遊說蘇聯領導人，尤其是戈巴契夫，促他仿效中國，逐步開放奧德薩、聖彼得堡、列寧格勒以及立陶宛沿著波羅的海一帶。但他們始終沒能聽明白。他們並不是拒絕這麼做，而是不明白改革開放的概念。

李：不是因爲他們缺乏洞察力。這基本上就是個封閉的社會，對計劃經濟深信不疑，接受不了新思維。鄧小平知道，中國就是因爲一味學習蘇聯模式，所以不成功。當他看到新加坡，他說：「啊！這才是成功的模式。」

施：年輕時留學法國的日子，也可能讓他受了點影響。

李：也許吧。他曾在馬賽住了一段日子，在法國和比利時工作過，見證過資本主義世界是怎麼一回事，對自由市場的可能成果有切身體驗，這促使他在思想上逐漸開放。

施：我想鄧小平最有代表性的經典語錄是：「不管黑貓白貓，能抓到老鼠的就是好貓。」一語概括了鄧小平。

李：他是位偉大人物，因爲他南巡到廣東。我曾經對他說：「中國絕對有能力超越新加坡。我們是中國南部地區農民和無地勞工的後代，在中國，你有大批士大夫後代、學者、科學家和研究員。」他當時沒回應，只是沉吟，然後繼續用餐。很多年以後，他南下廣東時說：「我們要向世界學習，特別是要學習新加坡，然後要比他們做得更好。」原來他沒忘記我跟他說過的話。不過我不確定他們能否超越我們，因爲他們還缺乏法治和制度。

施：他們正在建立法治。

李：更多是人治吧。領導人說的就是法律。

施：我不確定以人治執法的模式還能維持多久。這是封建制度沿襲下來的模式，但中國在某個程度上已經建立起司法制度。我第一次到中國時，一個律師都沒有。他們現在有好幾千名律師。他們培訓了這些律師。

李：鄧小平曾經派了部長來找我，想參考我們的法律。我說：「你要這來幹麼？」他說他們準備研究，看看可以怎麼應用。我說：「要執行這套法律，先得有一組獨立的法官，在處理官民糾紛時能做出哪怕是對政府不利的裁決。那才談得上眞正的法治。」他說：「沒關係，讓我們參考就是。」所以我讓他參考整套法律，他們之後也翻譯了。不過我不認爲他們能有效執行，因爲法官總還是得依領導人的指示行事。

施：法官還是依領導人的指示行事。但過去，法官大多出自軍隊，是深知如何做決定的人。現在這些法官全出自大學，也許會有進展。無論如何，說回鄧小平，我要說的是，在我看來，他是迄今最成功的共產黨人。

李：不，他可不算是眞正的共產黨人。鄧小平是務實主義者。黑貓白貓，只要有成效就好。這是他的至理名言，人生座右銘。

施：他的務實主義，跟你、我，以及舒茲（前美國國務卿）很相像。

納：今天回顧，兩位都歷經超過九十年的漫長人生，而世界早已今非昔比了。部分改變，是由某些政治決定或政治活動所致。對比今日世界與九十年前的世界，出現了哪些變革？我們如今所處的是不是一個迥然不同的世界？這個世界是不是更美好？

李：這就得取決於你所謂的更美好，指的是什麼。假設你是歐洲人、法國人，我想你多半不會覺得自己活在一個更美好的世界；因爲你得看著中國等其他大國崛起，而歐洲因爲無法團結而逐漸變得無足輕重，只能任由美國藉著 G2（中美兩國集團）的方式與中國周旋。不過，如果你所謂的世界更美好，指的是生活是否更美好，例如貧困少了，更多人有房子住，有更多工作，有更充足的食物，我會說，的確是。挨餓的人少了很多，包括印度也如此，這不光是跟印度的進步有關，更是科技發達的成果。菲律賓展開的稻米研究擴大了稻米種植量，足夠應付人們的需求。所以「世界更美好」需有特定意義才可談。對誰來說更美好？如果你問的是：對人民更美好嗎？我會說，廣義來說，的確是，挨餓的人少了，失業的人少了。

納：從更大的格局來說，世界也變得更和平了。

李：是的，那是基於核威懾效應。核威懾讓大國之間不可能發生戰爭。哪怕中國再強大，也不會對美國或俄羅斯發動攻勢，這就穩定了局勢。法國也具備核攻擊力量，也許仍不足夠，但象徵意義上說還是具備反擊的能力。如果世界更美好，指的是施政治國，那倒未必如此，還是要看是哪些國家。我會說在世界許多地方，如非洲，也許拉丁美洲，情況其實比過去還糟，貪污現象令人咋舌。就連在印度，人們也攻擊曼莫漢星總理允許貪污腐敗。貪污已形成風氣。我在位，權勢就意味著我可以製造財富。而一旦我不在位了，我還有財富，通過財富又可換取權勢，我就趁勢掠奪。從這個角度來看，中國也有危機，因爲貪污腐敗問題愈來愈嚴重。最頂層的不至於如此，最頂層高官是終身受國家照顧的，像胡錦濤不必爲退休後的生活發愁，因爲國家管吃管住。可是往下看，開發商和地方官員相互勾結，強奪農民土地，賣給開發商興建，從中撈一筆。中國民間如今對此積怨很深，到頭來可能會對中共政權的合法性形成一大挑戰。

納：你幾乎把一生都投入在公共服務領域。沒有九十年那麼長，也有五、六十年。如今回首這一生，你認爲值得嗎？或是一種犧牲？

李：這麼說吧，這得看你認爲人生的意義何在。我的意思是，如果我個人要的是快樂的人生，我會選擇繼續當律師或商人，肯定比現在的我更富裕。但一開始這就不是我的奮鬥目標。我看到了某個情勢，認爲是不妥當的，盡力去糾正它。而後看到人們吃得飽住得好，人人擁有自己的房子，子女上學受教育，醫療服務更好，休閒設施更多，人人生活上的各種需求都能滿足；這些，讓我有深深的滿足感。問題是，人們如今把這一切視爲理所當然，以爲國家體制可以自動運作，繼續如此。我可不這麼認爲。我認爲一旦政府由一批不良分子和壞的領導接管，一切都會逐漸倒退，不可能依然還能全速自動運作。

納：施密特先生，從政六十年，回顧你的政治生涯，你認爲值得嗎？

施：是的，爲從政而犧牲致富的機會，絕對是值得的。

李：要當領導，就得接受別人因爲你管理得好而致富。我曾經對深圳一位黨委書記說過：「要當一位成功的領導人，就不能還想到自己。你得制定一套體制，讓別人創造財富而致富。而自己始終只能是一位誠實的清官，不那麼富有。」我不清楚這番忠告後來他是否聽進去了。

§

歐洲願景

施：談到歐洲，如果整體來看，當今有好幾位政治領導人似乎認爲大談願景、勾勒未來圖像，是理智而有效之舉。但這些人眞的應該意識到，這些願景是需要三代人才可能實現的。歐洲的那些轟轟烈烈的運動——去年是法國，今年輪到德國——都在追求一些不切實際的願景。

李：他們都在築造空中閣樓。

施：沒錯。可是你爲這個國家成就的一切，並不是空中閣樓。

李：是的，但我的優勢是這個地方是個移民社會。是後天形成的，沒有遠古的歷史、長期積累的仇恨或敵對關係。我用英語爲人們搭建一個共同平台，讓大家公平競爭，無論種族、語言和文化，任人唯賢。這才促成了國民團結。

施：沒有李光耀，這些可能實現嗎？

李：其他人也許同樣能辦到，但那是先決條件。

施：其他人之中，無論是舒茲、季辛吉，或者是我，沒有人處境跟你一樣。

李：但是你繼承了很多人民，他們具有豐富悠久的歷史。

施：是啊。但你繼承的民族，不也擁有長遠的歷史嗎？

李：可是他們擁有的，分別是中國、印尼和印度的歷史。所以我說：「算了吧！」只有向前看，爲未來打拚，這個地方才可能成功。如果一味回頭看，不斷回顧過去，我們必定失敗。這些人從出生地離鄉背井到新加坡落地生根，就意味著他們必須在這裡有所成就。正是這個原因，促使我的政策成功推行。

納：你最初是基於什麼動力而投身政壇？是殖民統治的經歷嗎？這是不是促使你從政的最主要原因？

李：這麼說吧，英國殖民統治從很多方面來看都是出自善意。他們教育了我們。我就是受了他們的教育而後到劍橋留學。英國很清楚，權力將來終究要交出去，所以他們想創造一個將來會以友善態度對待他們的社會階層（精英階層），而不像從前那樣對他們感到怨恨和沮喪，因爲他們明白自己再也不能控制這個國家。一九四七年以後，英國先是失去印度，而後其他殖民地一個接一個失去：錫蘭、緬甸、馬來亞，然後是新加坡。我們當時的處境有利：殖民統治者意識到自己的衰敗，以得體的姿態結束殖民統治然後退出。我們因此不必展開艱苦的鬥爭，我們推一推，門就應聲而開。

施：那時你就已經在思考並談論亞洲價值觀嗎？還是幾十年的發展過程，這個說法才逐漸成形？

李：我想是與生俱來的，是內化的。

施：我也相信是與生俱來的，但未必是在你的意識裡。

李：也許是。所以要動員群眾時，我會利用這種群眾意識、大我精神，提倡以社稷為重，發動群眾跟隨。我說：「這麼做，是有利於社會的。」個別的人可能得犧牲某些權益，但整個社會獲益。我繼承的如果是一個僵固的社會，有著長遠的歷史，人們相互對立仇視，我就不可能做到這些。

施：你什麼時候開始信奉儒家倫理？

李：我也這麼問過自己，我想儒家倫理是自小在家中學到的價值觀。

施：你在劍橋留學時，也受儒家思想影響嗎？

李：的確是。我會說儒家倫理對我來說已經內化了。有句話說：「修身、齊家、治國、平天下。」所以首先要做的是修身養性，努力成爲君子。這是基本條件。人人都必須以成爲君子爲目標。

施：我生來就是個基督教徒，長大後卻什麼也不信。

李：就這一點，歐洲跟美國不一樣，美國人還是相信……

施：眞是要命的天眞。

李：……相信上帝是造物者，認爲達爾文是在胡說八道。我相信經歷過兩場世界大戰，歐洲人思考得更複雜了。他們經歷過世代仇恨紛爭，什麼美好願景、什麼宏圖大計，結果卻只換來悲劇。團結整個歐洲的理想，拿破崙試過，希特勒也試過。

施：兩千年以來，幾乎所有歐洲人，從肯特郡到那不勒斯，從伊斯坦堡到里斯本，都是在基督教教義中長大。但與此同時，又基於實際政策而向彼此發動了一波接一波的戰事，完全罔顧基督教義。歐洲人的所作所爲，與他們自小所學習甚至能倒背如流的教義，根本是兩個極端。眞是一群荒謬的人。

李：那個時代，正是幾個強國想要統一歐洲的時候。

施：不，你太客氣了，是要征服整個歐洲。

李：不，假設拿破崙贏了，法文就會成爲歐洲通用的語言。如果希特勒贏了，德文就會是歐洲通用的語言。這是政治領袖共有的抱負。說得直接一點，是要占領整個歐洲建立統一王國。如果要抹上一層意識型態的光芒，那就是，建立統一的歐洲。

施：早在一千兩百年前查理大帝時代，可能就是統一歐洲的最後一次機會了。

李：是，你說得沒錯。

施：今時今日的歐洲，比起二十年前還要分裂。

李：我相信歐洲統合過程停滯不前，是因爲各國並非全心全意推動，而這造成期望的幻滅。第一個面臨這種狀況的是希臘。你要不就設立統一的歐洲中央銀行，就像聯準會，再委任一個財長，所有預算案必須經由財長跟央行審核批准。要不就是二十七國、二十七個財長各自爲政，但統一使用歐元是行不通的。如何擺脫統一歐元的僵局，我無從知道，但可以想像必定會引起很大的混亂。

施：我也同意這不可能。一下子就達成歐洲全面一體化是不可能的，得循序漸進。有位傑出的學者讓・莫內，就曾經提出一代接一代、按部就班進行的想法。這也是卡爾波普爾理論的核心思想。除了循序漸進，沒有其他辦法了。但要怎麼一步步發展到只有一位財長的境界？

李：行不通的。各國的分歧根深柢固，有各自的歷史，對自己的文學、語言和文化引以為豪。假設歐洲各國都說，好吧，我們暫且忘了盧梭，暫且擱置種種自由社會的偉大思想，我們決定要成為統一的歐洲民族。他們首先需要一個共同語。英語是個再務實不過的選擇，人人都得以英文為第二語文。所以，一個法國人、一個德國人和一個捷克人碰頭，儘管各自保留了法語、德語、捷克語，卻是以英語交談。但英語會逐漸成為聯絡人們的語言，這是法國人不可能同意的。你看，大家都認為各自的文學神聖不可侵犯，誰也不願意放棄。可是當美國人來到一片新大陸時，他們創造了新的文學，產生很多用英文創作的作家和學者。所以，歐洲始終受困於自己的過去和歷史。

施：歐洲確實是受歷史包袱所累，但我並不像你那麼悲觀。我曾經深信，歐洲各國必須團結起來成為一體。我在歷經一場大戰洗禮後，對這個信念堅信不移，但最終發現這是個不切實際的願景。可是當年我不過是個二十六歲的小夥子。而後，我第一次遇見讓．莫內（Jean Monnet），他的理論思想深具說服力，說明可以怎麼循序漸進地達成一體化目標。一步到位是不可能的，但我相信循序漸進的模式眞的可行。再然後，是一九八九年至一九九〇年發生了一連串重大改革，我們被一場突如其來的煙幕籠罩，突然之間，任何人都可以加入歐盟成爲成員國。

李：那是個錯誤。

施：的確。

李：其實，歐洲有個核心結構。

施：是。那眞是個錯誤。可是我們不能對其他國家說：「你現在可以自由選擇了，這樣很好，可是我們不要你加入。」

李：也許你們應該說：「等一等。先成爲准成員，待我們稍後決定。核心成員國必須先凝聚起來。」

施：是的。當初讓．莫內率先提出歐洲統合爲一體時，只涵蓋了六國：法國、義大利、德國、比利時、荷蘭，以及小小的盧森堡。

李：這就好處理得多了。

施：起初的確是可行的，雖然其間也難免困難重重。例如，六〇年代中期，戴高樂有一陣子禁止法國部長出席理事會會議，展開所謂的「缺席政策」。不過，這些困難我們都一一克服了，持續維持統合。六個國家，從一九五二年到七〇年代初期，維持了超過二十年。中間英國嘗試申請加入，戴高樂拒絕，這無傷大雅。但是，到了七〇年代，我們允許三國加入：英國、愛爾蘭、丹麥。當時並不知道，英國原來只想分一杯羹，卻不想一起把餅做大。接著十年，迎來了葡萄牙、西班牙和希臘。當時這三國剛以各自的方式推翻了法西斯獨裁統治，因此歐洲共同體歡迎它們加入，做爲獎勵。所以，馬斯特里赫特會議召開之時，那是九〇年代初，歐洲共同體成員國共有十二個，還是易於管理的。過程中不是沒有失誤，但都可以解決。但是在馬斯特里赫特大會他們犯了個錯誤，就是允許任何國家加入歐盟。接著十年，成員國從原來的十二個激增到二十七個，超過一倍，如此一來，歐盟變得完全沒法有效管理。有些人還認爲這是好事，因爲資金源源不絕，人人有份；其他人則想：「如今我們總算也能第一次發揮一些影響力了。」有些法國人就是這麼想，一些德國人也一樣。人們還認定歐盟在經歷了六十年的發展後，在二十一世紀不致於失敗。但我並不這麼肯定。

李：規模太大了。而且性質各異。

施：是的。

李：各國都不一樣。經濟發展階段不一致，對未來的期望也各有不同。許多國家選擇加入，是因爲想從聯盟中獲益。

納：我想提出一點來激發討論：是不是可以說，今日的歐盟，儘管有再多困難和缺點，仍算得上是歷史的一大奇蹟和一大成就，在某種程度上爲世界其他區域帶來了啓示？

李：不，我不認爲歐盟足以爲世界帶來啓示。在我看來，這更像是一個缺乏周詳考慮的企業集團，過於急速擴張而很可能以失敗告終。

納：所以，歐洲整合並沒有爲亞洲帶來任何啓發？

李：肯定不會。我們不可能以同樣方式進行整合。亞洲各國並不是都信奉基督教，各國說不同語言，有各自的歷史。我們能做的是提高大家對共同利益的意識，闢設自由貿易區，然後以這爲起點再慢慢發展。亞洲的問題是，中國是主導本區域的大國。要談亞洲整合，把中國也納入，就等於是讓中國來整合亞洲其他國家。這個局勢是不可能改變的。

納：所以你們從自由貿易著手？

李：自由貿易，還有患難與共的意識。我們不相互作戰，願意化解分歧，其實現在已經是如此。我們也經常會面，進行討論而非相互威脅。

納：我也有個問題想請教施密特先生。歐盟，或歐洲共同體的歷史，可以說是充滿失敗、挫折、危機……

施：當然還有成功。

納：是的。到頭來，各國也一起嘗試克服危機，並將危機轉化爲成功的契機。人們現在說，這些危機也許可以爲政治統合帶來新契機。這將會是一大躍進。現實中有這個可能嗎？

施：有這個可能。理論上看，你也許說得對。但實際上來說，你需要領袖，像李光耀這樣的領導人。

納：有些人看好（德國總理）梅克爾。

施：不。

納：德國這個國家如何？波蘭總理（圖斯克）說歐洲得由德國來領導。你認爲是好意見嗎？

李：德國背負著兩次世界大戰遺留的包袱，愧疚感未除，不想被視為過於獨斷激進。但德國確實是目前唯一有能力把歐洲核心建立起來的國家。但我不明白為什麼歐洲人至今仍然相信法國還能與德國並駕齊驅，因為歐洲以外早已沒人會這麼想。（法國前總統）薩科齊可以媲美梅克爾，甚至在言談上略勝一籌，但薩科齊的法國在國力上遠遠不及德國。世界確實是這麼看的。

施：這是近幾年才形成的印象，其實始於九〇年代，二〇〇〇年以後逐漸鞏固。九〇年代東、西德統一，讓人們大感意外。沒人預見得到這個結果，唯一例外的是（英國前首相）柴契爾夫人。（法國前總統）密特朗和時任義大利總理的安德列奧蒂，大概也有所猜測。這幾位領袖都是深諳歷史的人，他們預見德國統一會帶來一定的危險，對此提出反對。後來是基於與戈巴契夫達成的協議，和經由美國說服才接受。

李：不，德國統一終究要發生。從蘇聯失去控制權那一刻起，東德就無路可退了，唯有和西德統一。東德人看到兩地的生活水準有著多麼大的落差。他們收看得到西德的電視節目，卻讓一堵圍牆隔了開來，沒法由東邊走向西邊，像囚犯似的被囚禁。所以你怎麼攔得了這些人？他們渴望統一。西德人怎麼能說：「不，我不要你們？」

施：西德人永遠不會說：「我們不要你們。」我們也要他們，但即便如此，我們當時可絲毫沒預想過德國會成爲一個擁有八千萬人口的國家。

李：可是爲了支持他們，你們付出了很大的代價。

施：是的，我們的確付出了代價，而且還不怎麼成功。德國東部在基礎建設上的重建比德國西部好得多。但基礎建設並未同時帶動經濟活動。所有經濟活動仍是集中在西部，不在東部。東部的所有大企業都沒能重振，共產黨讓這些企業走下坡。我記得在馬燦有座生產機械的工廠，就位於柏林郊區。一九九〇年或一九九一年，我們設法重建，爲這座廠蓋新大樓，添置重型吊車和其他生產機械所需的一切配備。當時員工約有兩千人，如今只剩下一百七十名員工。他們生產的機械產品不是太貴就是品質不夠好；實際上是又貴又不夠好。而這個現象其實代表了民主德國舊體制下整個工業界的狀況。我們採用了一個完全錯誤的匯率來統一國家，匯率理應是三兌一。

李：而你們定爲一兌一。

施：我們犯了大錯。他們所有的產品全賣不出去，因爲品質不夠好。我當初曾極力抨擊過這個決定，但另一方面，我也相信再過幾代人情況就會好轉。但顯然並不是如此。二十年後就更沒機會了。如今，東部的失業率比西部高出幾乎一倍。

李：那是因爲他們信奉中央計劃經濟理論，抗拒自由企業作業模式，抗拒競爭造成優質企業出頭，劣質企業被犧牲。這並不是他們的企業文化。四、五十年歷史的民主德國灌輸給人們的觀念是：成功不是爭取來的，而是注定的。

§

告別

施：對了，昨天我剛對一些朋友說，有一次我們一起出席會議，之後你給我寫了封信，信末的最後一句話是：「你還是和過去一樣敏銳。」事實是，你才是和過去一樣敏銳。

李：不，我的精力差了很多，不再有精力持續寫好幾個小時。

施：嗯。

李：這需要專注力，也需要體力。

施：是的。但換個角度說，這也有助於延長壽命。

李：這很難說。

施：可是我相信這是眞的。我眞的這麼相信。

李：不至於，只會讓腦筋活躍而已。

施：是，會讓腦筋繼續活躍，抽菸也有幫助。這些事讓我的腦筋不至於停滯下來。可是身體還是不斷退化。

李：這是無從打破的自然法則，人人都得遵守。

施：是啊。

李：基因預設了我們的生命只能持續這麼長時間。過了某個期限，細胞就不再如常地重生。

施：這是我最後一次到世界的這一邊來了。我再也不能如此長途跋涉。

李：請好好生活著，但願你安康，生活充實美滿。

施：哈利，希望你一切都好。祝福你！

李：也祝福你！很高興也很榮幸能認識你這個朋友。

社會人文 BGB379A

李光耀觀天下
One Man's View of the World

作者——李光耀（Lee Kuan Yew）
譯者——周殊欽、林琬緋、陳彩霞、顧耀明

總編輯——吳佩穎
責任編輯——吳毓珍
美術設計——陳俐君
封面設計——陳俐君

出版者——遠見天下文化出版股份有限公司
創辦人——高希均、王力行
遠見．天下文化 事業群榮譽董事長——高希均
遠見．天下文化 事業群董事長——王力行
天下文化社長——林天來
國際事務開發部兼版權中心總監——潘欣
法律顧問——理律法律事務所陳長文律師
著作權顧問——魏啟翔律師
社址——臺北市 104 松江路 93 巷 1 號
讀者服務專線——02-2662-0012 ｜傳真——02-2662-0007；02-2662-0009
電子郵件信箱——cwpc@cwgv.com.tw
直接郵撥帳號——1326703-6 號　遠見天下文化出版股份有限公司

電腦排版——中原造像股份有限公司
製版廠——中原造像股份有限公司
印刷廠——中原造像股份有限公司
裝訂廠——精益裝訂股份有限公司
登記證——局版台業字第 2517 號
總經銷——大和書報圖書股份有限公司 電話／(02)8990-2588
出版日期——2014/07/24 第一版第一次印行
2024/01/25 第二版第十次印行

定價 — NT$500
4713510946367(精裝)
書號 — BGB379A
天下文化官網 — bookzone.cwgv.com.tw

國家圖書館出版品預行編目（CIP）資料

李光耀觀天下 / 李光耀著；周殊欽等譯 -- 第一版 . -- 臺北市：遠見天下文化，2014.07
面；　公分 . --（社會人文；GB379）
譯自：One Man's View of the World
ISBN 978-986-320-530-2（精裝）

1. 國際政治

578　　103014334

天下文化

BELIEVE IN READING